KLARTEXT

Kultur in der Diskussion – Band 15

Philosophie und Politik X –
Philosophy meets Politics X

Thomas Pogge

Gerechtigkeit in der Einen Welt

Herausgegeben von
Julian Nida-Rümelin
und Wolfgang Thierse
mit
Heidemarie Wieczorek-Zeul
und Gert Weißkirchen

KLARTEXT

1. Auflage April 2009
Redaktion: Dr. Klaus-Jürgen Scherer
Satz und Gestaltung: Klartext Medienwerkstatt GmbH, Essen
Druck: Majuskel Medienproduktion GmbH, Wetzlar
© Klartext Verlag, Essen 2009
ISBN 978-3-8375-0153-7

www.klartext-verlag.de

Inhalt

Vorwort

Dieser Band dokumentiert erneut eine Tagung der erfolgreichen Reihe „philosophy meets politics" des Kulturforums der Sozialdemokratie. Sinn dieser Mitte der neunziger Jahre von Julian Nida-Rümelin begründeten Veranstaltungsreihe ist es, der praktischen Politik Impulse aus der politischen Philosophie zu geben. Seit nunmehr zwölf Jahren laden wir jeweils einen Philosophen von internationalem Renommee und Wirkungskreis ein – u. a. Amartya Sen, Michael Walzer, Seyla Benhabib, Martha Nussbaum, Benjamin Barber und Jürgen Habermas. Führende Politikerinnen und Politiker der deutschen Sozialdemokratie – u. a. Gerhard Schröder, Brigitte Zypries, Olaf Scholz, Frank-Walter Steinmeier und Gesine Schwan – antworten auf die Anstöße aus philosophischer Sicht.

Im November 2008 ging es im Atrium des Berliner Willy-Brandt-Hauses, gut gefüllt mit akademischem Publikum sowie vor allem geisteswissenschaftlichen Studentinnen und Studenten, kurz nachdem die Finanz- und Wirtschaftskrise ihren Ausgang genommen hatte, um zentrale Fragen globaler Gerechtigkeit.

Gerechtigkeit ist die oberste politische Tugend, an ihr muss sich alles andere messen. Angesichts der globalen Vernetzung der Welt, der internationalen Warenströme, der Migrationsbewegungen, der kulturellen und politischen Konflikte stellt sich die Frage der politischen Gerechtigkeit heute nicht mehr lediglich national und europäisch, sondern international in der „Einen Welt".

Mit Thomas Pogge, der seine akademische Karriere in den USA begründete, konnten wir einen der profiliertesten politischen Denker zu dieser Thematik weltweit gewinnen. Der frühere Assistent von John Rawls hat den Großteil seiner philosophischen Arbeit den Kriterien und den empirischen Aspekten globaler Gerechtigkeit gewidmet. Gegen John Rawls hat er sich frühzeitig für eine internationale Gerechtigkeitsperspektive ausgesprochen und den Skandal des Reichtums im Norden angesichts großen Elends im Süden angesprochen.

Auf dieser Tagung fasste er die philosophische Essenz seiner Beiträge zur globalen Gerechtigkeit zusammen. Wir konfrontierten sie mit der Praxis internationaler Entwicklungszusammenarbeit, wie sie für die Bundesregierung von Heidemarie Wieczorek-Zeul verantwortet wird. Es kam zu einem eindrucksvollen Dialog, bei dem – so wie es für unsere Reihe intendiert ist – in beide Richtungen Lehren gezogen

Thomas Pogge

werden konnten: für die internationale politische Praxis der Sozialdemokratie und für die politische Philosophie der globalen Entwicklung.

München/Berlin, Februar 2009
Julian Nida-Rümelin/Wolfgang Thierse

Philosophy meets Politics – Gerechtigkeit in der Einen Welt – Die Reden

Wolfgang Thierse

Meine Damen und Herren, liebe Gäste, es ist ja die Idee dieser Forumsveranstaltungen, im tages- und machtpolitischen Hamsterrad ab und zu innezuhalten, sich neuen Problemanalysen zu stellen und grundsätzliche Themen zu diskutieren. Im ergebnisoffenen gegenseitigen Austausch werden so – das ist die Erfahrung aus den vergangenen Jahren – innovative Fragen an führende Repräsentanten der Sozialdemokratie herangetragen. Davon erhoffen wir uns neue Einsichten und Handlungsperspektiven. Ganz in diesem Sinne treffen wir uns heute zum zehnten Mal zu unserer Veranstaltungsreihe „Philosophy meets Politics" des Kulturforums der Sozialdemokratie. Dazu laden wir jährlich einen profilierten, international bekannten politischen Denker der Philosophie und der politischen Theorie ein, um der praktischen sozialdemokratischen Politik programmatische Impulse aus der auf politisches Handeln bezogenen politischen Philosophie zu geben.

Es ist vor allem das Verdienst von Julian Nida-Rümelin, der eben nicht nur Münchener Philosophieprofessor, sondern auch stellvertretender Vorsitzender des Kulturforums ist, dass wir auf eine außerordentlich eindrucksvolle Liste an Teilnehmern aus der Wissenschaft zurückblicken können. Manchen ist sicher noch Jürgen Habermas, der im letzten Jahr auf Frank-Walter Steinmeier traf, in Erinnerung. Ich nenne aus den Jahren zuvor nur Benjamin Barber, Thomas M. Scanlon, Martha Nussbaum, Michael Walzer oder den Nobelpreisträger Amartya Sen – eine ganz gute Reihe führender Wissenschaftler in diesen zehn Jahren, die wir zum Gespräch haben gewinnen können.

Heute haben wir mit Thomas Pogge einen der weltweit wichtigsten Denker zu Gerechtigkeitsfragen gewonnen. Thomas Pogge ist in den siebziger Jahren aus Hamburg als Soziologe in die USA gegangen und derzeit Professor der Philosophie und internationalen Beziehungen an der *Yale University* und Forschungsdirektor des *Center for the Study of Mind and Nature* an der Universität Oslo. Pogge, im Bereich der Ethik und politischen Philosophie forschend und publizierend, steht in der Nachfolge des großen, 2002 gestorbenen John Rawls. Er promovierte bei ihm, war dessen Assistent und Mitarbeiter. Rawls' Thema Gerechtigkeit ist auch seines. Er hat sich besonders mit Weltarmut, globaler Gerechtigkeit und Menschenrechtsfragen beschäftigt. Herzlich willkommen, lieber Thomas Pogge.

Er hat übrigens auch – das könnte in Deutschland ebenfalls von Interesse sein – über den Zusammenhang von Gesundheit und Gerechtigkeit geforscht. So konnten wir lesen, dass er auch Berater des neuen US-Präsidenten Barack Obama für internationales Gesundheitswesen ist. Auch das macht Sie zu einem interessanten Gesprächspartner.

Ich freue mich, dass Heidemarie Wieczorek-Zeul antworten wird. Unsere lang gedienteste und damit erfahrenste Ministerin ist seit 1998 Bundesministerin für wirtschaftliche Zusammenarbeit und Entwicklung. Wir haben gerade ihr Jubiläum gefeiert. Herzliche Gratulation zu zehn Jahren guter erfolgreicher politischer Arbeit.

Sie ist übrigens auch Vorsitzende des „Forum Eine Welt", das die SPD in Fragen der Globalisierung, der Friedens- und Entwicklungspolitik berät. Heidemarie Wieczorek-Zeul verfolgt in der Regierung Schröder wie in der Regierung der Großen Koalition dieselben Ziele, die Armut in der Welt zu bekämpfen, Krisen zu entschärfen, den Frieden zu sichern, die Umwelt zu schützen, die Globalisierung gerechter zu gestalten, die Millenniumsziele der UN von 2000 umzusetzen. Sie steht dafür, dass Entwicklungspolitik, Armutsbekämpfung, Sicherheits- und Außenpolitik und die Gestaltung der Globalisierung nicht getrennt voneinander gesehen werden dürfen. So hat sie sich immer für einen kohärenten Ansatz, der diese Politikfelder miteinander verbindet, eingesetzt. Nord-Süd-Politik – dafür steht sie seit zehn Jahren – ist eben kein Anhängsel, sondern integraler Bestandteil der internationalen Politik in allen ihren Facetten.

An der anschließenden Diskussionsrunde wird dann weiterhin für die deutsche philosophische Sicht der schon erwähnte Professor Julian Nida-Rümelin teilnehmen, der den Lehrstuhl für politische Theorie und Philosophie an der Universität München innehat und seit Kurzem, das macht ihn nicht weniger wichtig, sondern noch bedeutender, Vorsitzender der ehrwürdigen *Deutschen Gesellschaft für Philosophie* ist. Herzlich willkommen, lieber Julian.

Und dazu kommt von politischer Seite Professor Gert Weißkirchen, der außenpolitische Sprecher der SPD-Bundestagsfraktion und persönliche Beauftragte des OSZE-Vorsitzenden zur Bekämpfung des Antisemitismus. Lieber Gert, herzlich willkommen. Gert Weißkirchen ist seit Langem besonders engagiert in Menschenrechtsfragen, was bereits für uns im Osten zu Zeiten der Spaltung Deutschlands und Europas ganz wichtig war.

Meine Damen und Herren, zur Begrüßung möchte ich hier keine große Einführung in das Thema geben, doch will ich – das gehört sich auch, glaube ich, für eine sozialdemokratisch Veranstaltung – auf die Zeitanalyse unseres im letzten Jahr verabschiedeten Hamburger Grundsatzprogramms hinweisen. Dort schrieben wir:

„Das 21. Jahrhundert ist das erste wirklich globale Jahrhundert. Nie zuvor waren die Menschen weltweit so sehr aufeinander angewiesen. Mit dem Zusammenbruch des Kommunismus wurde die Teilung unseres Landes und die politische Spaltung der Welt überwunden. Seither erleben wir den tiefsten geschichtlichen Umbruch seit der industriellen Revolution. Wissenschaft und Technik treiben ihn voran. Dieses Jahrhundert wird entweder ein Jahrhundert des sozialen, ökologischen und wirtschaftlichen Fortschritts, der allen Menschen mehr Wohlfahrt, Gerechtigkeit und Demokratie eröffnet, oder es wird ein Jahrhundert erbitterter Verteilungskämpfe und entfesselter Gewalt."

So haben wir geschrieben: Entweder, oder. Es stimmt, wir sind tatsächlich in einer dramatisch offenen geschichtlichen Situation. Die Globalisierung hat eine neue Dimension erreicht. Völker und Staaten sind in einer beispiellosen Abhängigkeit verbunden. Eine Weltgesellschaft entsteht und es gibt erst in Ansätzen eine Weltpolitik mit globaler Regionalisierung und Gewaltenteilung, die nur dann legitim sein wird, wenn sie ihr Handeln auf die beiden Ziele: menschliche Sicherheit und gesellschaftliche Nachhaltigkeit orientiert. Eine Welt, die Billionen Euro in der Finanzkrise versenkt, die fast 900 Milliarden Euro für Waffen ausgibt, die aber – so liest man – bereits mit 20 Milliarden Euro den Hunger in der Welt weitgehend besiegen könnte, eine solche Welt ist wahrlich nicht in Ordnung.

Das politische Denken, wie das politische Handeln müssen sich den weltweiten selbstzerstörerischen Entwicklungen stellen, wozu im Übrigen nicht mehr sehr viel Zeit bleibt. Die bisherige Globalisierung als das bloße Öffnen von Grenzen und von Märkten, das Sprengen aller Regeln und Grenzen, das begreifen wir, kann so nicht linear fortgesetzt werden. Grenzen des bisherigen Wachstums zeigen sich, Verelendung, Flüchtlingsströme, Gewaltverhältnisse bis hin zu Klimakriegen nehmen zu. Gerade in diesen Wochen steht auf der Tagesordnung, den entfesselten Finanzmarktkapitalismus zu bändigen und die drohende Krise der Weltwirtschaft abzuwenden. Es geht darum, das darf eben nicht vergessen werden, den Klimawandel noch einigermaßen zu begrenzen, mit seinen mittlerweile sicher eintretenden Folgen umzugehen. Es geht um die Ersetzung fossiler und nuklearer Ressourcen durch erneuerbare Energiequellen. Gerechtigkeitsfragen hängen hiermit direkt zusammen, mit einem globalen Kapitalismus, der auf schnelle und hohe Rendite fixiert ist, mit dem Klimawandel, der die Gesellschaften vor ganz neue Fragen von Gerechtigkeit, Sicherheit und Verantwortung stellt.

Hierbei müssen nicht nur immer wieder Antworten auf die sich vertiefenden sozialen Spaltungen in der Zone relativen Wohlstands, also bei uns, gefunden werden. Denn auch bei uns im Lande wachsen Verunsicherungen und Ängste. Besonders geht es aber um die Überwindung der skandalösen Massenarmut in den Entwicklungs- und Schwellenländern, gegen die Zunahme des Hungers und des Todes. Was verbirgt sich eigentlich für ein Elend hinter einer Zahl, dass fast die Hälfte der Menschheit unter der Zwei-Dollar-pro-Tag-Armutsgrenze leben muss? Der globale Blick lehrt, wir können uns nicht davonstehlen. Es gibt Zusammenhänge zwischen unserem Reichtum im entwickelten Westen und der Armut in weiten Teilen der Welt. Die Besitzstandsunterschiede zwischen armen und reichen Ländern sind derart, dass sie nicht legitim sein können und überwunden werden müssen. Darum geht es auch in unserem heutigen Gespräch. Warum eigentlich – so fragt Pogge – sind so viele der Wohlhabenden der Ansicht, keine Verantwortung für die Beseitigung der Armut tragen zu müssen, obwohl eine Einkommensverschiebung moralisch zwingend erscheint?

Das bisherige Modell der Globalisierung ist zu widersprüchlich. Es muss durch eine andere weltpolitische Gestaltung abgelöst werden. Ich zitiere, noch einmal aus dem Hamburger Programm, unser sozialdemokratisches Ethos. Da haben wir formuliert: „Die Welt wächst zusammen (...). Die Globalisierung (...) bietet die Chance, Hunger, Armut und Seuchen zu überwinden. Der Welthandel bringt vielen Menschen neue Arbeit und Wohlstand. Zugleich aber prägt den globalen Kapitalismus ein Mangel an Demokratie und Gerechtigkeit. So steht er dem Ziel einer freien und solidarischen Welt entgegen. Er verschärft alte Ungerechtigkeiten und schafft neue. Deshalb kämpfen wir für eine Politik, die im eigenen Land, in Europa und in der Welt eine soziale Antwort auf den globalen Kapitalismus formuliert." Soweit unser Programm.

Wie internationale Solidarität in der Weltgesellschaft herstellbar ist, wie weit wir gemeinsam in einem Schuldzusammenhang stecken, was die Übernahme internationaler Verantwortung für uns eigentlich bedeutet, wie eine internationale Politik aussehen sollte, wie wir neue Institutionen des globalen Gerechtigkeitsausgleichs schaffen, darum wird es heute in unserem Gespräch gehen. Die Sicht der Gerechtigkeitsphilosophie und die Sicht der internationalen, sich globalen Problemen wirklich stellenden Politik werden sich dabei, so hoffe ich, derart ergänzen, dass wir am Ende des Tages zu neuen Einsichten, zumindest aber zu neuen Fragen kommen werden. Herr Professor Pogge, Sie haben das Wort.

Thomas Pogge

Zur Diskussion von globaler Gerechtigkeit braucht man zunächst eine Klärung des Gerechtigkeitsbegriffs. Dieser Begriff lässt sich philosophisch als vierstelliges Prädikat analysieren.

Erstens: Was ist das Subjekt der Gerechtigkeit, also das, was entweder gerecht oder ungerecht ist? Dafür gibt es verschiedene Kandidaten: Weltzustände, Akteure, Handlungen, soziale Regeln und auch organisierte Sozialsysteme, wie z. B. ein Staat, der sowohl hinsichtlich seines internationalen Handelns (als Akteur) als auch hinsichtlich seiner internen Organisation (als System sozialer Regeln) moralisch bewertet werden kann. Über die Ungerechtigkeit von Weltzuständen zu sprechen, ist oft unfruchtbar, weil dabei zumeist offenbleibt, wer dafür verantwortlich ist, solche Ungerechtigkeit zu vermeiden. Meine Arbeit konzentriert sich auf die Gerechtigkeit sozialer Regeln, bei denen solche Fragen der Verantwortung besser in den Blick kommen

Zweitens: Wer sind die Betroffenen? Wem widerfährt Gerechtigkeit oder Ungerechtigkeit? Dies sind in erster Linie einzelne Menschen, die die jeweiligen Auswirkungen am eigenen Leibe zu spüren bekommen.

Drittens: Hinsichtlich welcher Güter oder Lasten erfahren die Betroffenen Gerechtigkeit oder Ungerechtigkeit? Wichtig sind hier ökonomische Güter, wie etwa Nahrungsmittel und Wasser, die Menschen brauchen, um ihre Grundbedürfnisse abdecken zu können.

Viertens: Wer ist verantwortlich für die ungerechte Verteilung bestimmter Güter und Lasten? Hier sollte man fragen, ob die globalen Regeln, die die WTO[1] und andere Organisationen aufgestellt haben, gerecht sind und insbesondere, ob sie mit den Menschenrechten zusammenstimmen.

Die Menschenrechte sind der weltweit anerkannteste Katalog von Grundbedürfnissen, die für jeden einzelnen gesichert werden müssen. Schon in der Allgemeinen Erklärung der Menschenrechte[2] von 1948 wird klar gesagt, dass diese Rechte auch moralische Ansprüche an soziale Regeln einschließen. Der Artikel 28 lautet: „Jeder hat Anspruch auf eine soziale und internationale Ordnung, in der die in dieser Erklärung verkündeten Rechte und Freiheiten voll verwirklicht werden können."

Beachtenswert ist hier, dass der Artikel 28 nicht einfach ein zusätzliches Menschenrecht formuliert, sondern vielmehr Anleitung dazu gibt,

---

1 World Trade Organization, Welthandelsorganisation.
2 Resolution 217 A (III) der UNO Generalversammlung vom 10. Dezember 1948. Der deutsche Text ist bei www.unesco.de/aemr.html?&L=0 verfügbar.

wie die anderen Menschenrechte zu interpretieren sind. Er hält fest, dass die Menschenrechte nicht nur Ansprüche an Akteure stellen, sondern auch an die Regeln von Sozialsystemen und zwar an die nationalen und internationalen Regeln gleichermaßen. Es heißt ja, dass jeder Anspruch auf eine soziale *und internationale* Ordnung hat, die die Verwirklichung seiner Rechte und Freiheiten ermöglicht. Wir haben unsere internationale Ordnung also so zu gestalten, dass sie menschenrechtskonform ist.

Von seiner Verwirklichung am weitesten entfernt ist heute das Menschenrecht auf einen minimalen Lebensstandard. Dazu gehören: minimale Gesundheitsvorsorge, Nahrung, Kleidung, Wohnung und ärztliche Versorgung.[3] Wenn wir die Allgemeine Erklärung der Menschenrechte als eine minimale Gerechtigkeitstheorie zugrunde legen, müssen wir feststellen, dass unsere internationale Ordnung möglicherweise sehr ungerecht ist und im Hinblick auf bessere Erfüllung der Menschenrechte reformiert werden sollte.

* * *

Es leben heute ungefähr 6,7 Mrd. Menschen auf der Welt. Von denen sind knapp eine Milliarde unterernährt. Seit dem 1. Januar 2006 haben sich die Nahrungsmittelpreise in vielen Entwicklungsländern verdoppelt, wodurch die Unterernährung stark zugenommen hat. Unter anderem hat die Förderung von Biotreibstoffen die Preise für Nahrungsmittel in die Höhe getrieben. Die Anzahl chronisch unterernährter Menschen wird bald die Milliardengrenze überschreiten.[4] Aber auch hinsichtlich anderer Grundbedürfnisse gibt es ganz erhebliche Rückstände: Obdachlosigkeit[5], Analphabetismus[6] und Lohnarbeit von Kin-

---

3   Allgemeine Erklärung der Menschenrechte (zitiert in Fußnote 2), Artikel 25(1).
4   Food and Agriculture Organization of the United Nations: The Number of Hungry People Rises to 963 Million (www.fao.org/news/story/en/item/8836/icode/).
5   Etwa 924 Millionen Menschen sind obdachlos. UN-HABITAT and Kofi Annan: The Challenge of Slums: Global Report on Human Settlements 2003 (London: Earthscan/James & James 2003), S. 6; frei verfügbar von www.unhabitat.org/pmss/getPage.asp?page=bookView&book=1156.
6   Dem UNESCO Institute for Statistics zufolge gibt es 774 Millionen erwachsene Analphabeten, von denen knapp zwei Drittel Frauen sind. Siehe www.uis.unesco.org/ev.php?URL_ID=6401&URL_DO=do_topic&url_section=201.

dern[7] sind weitverbreitet, und viele Menschen haben keinen Zugang zu sauberem Trinkwasser[8], elementaren sanitären Einrichtungen[9], auch nur minimaler medizinischer Versorgung[10] oder elektrischem Strom[11]. Pro Jahr sterben ungefähr 57 Millionen Menschen; davon sind rund 30 % – etwa 18 Millionen – armutsbedingte Todesfälle. Das folgende Schaubild zeigt die häufigsten Todesursachen:[12]

Jährlich sterben etwa 18 Millionen Menschen (50.000 pro Tag), mehrheitlich Kinder, an armutsbedingten Ursachen, die billig vermeidbar wären: durch bessere Ernährung, sauberes Trinkwasser, Rehydrierungspräparate, Impfungen und andere Medikamente. Sie sterben an (in Tausenden):
Durchfall (1.798) und Unterernährung (485),
Tod von Mutter (510) oder Kind (2.462) bei der Geburt,
Kinderkrankheiten (1.124 – besonders Masern),
Tuberkulose (1.566), Meningitis (173), Hepatitis (157),
Malaria (1.272) und andere Tropenkrankheiten (129),
Atemweginfektionen (3.963 – bes. Lungenentzündung),
HIV/AIDS (2.777), Geschlechtskrankheiten (180)[12]

18 Millionen vorzeitige Todesfälle pro Jahr, das sind mehr als doppelt so viele wie in den schlimmsten Jahren des Zweiten Weltkriegs. Auch kumulativ fordert Armut mehr Todesopfer als Krieg: Seit Ende des Kalten Krieges starben weltweit – in nur 18 Jahren – mehr als 300 Milli-

---

7 Über 200 Millionen Kinder verrichten Lohnarbeit ausserhalb ihres Haushalts (www.ilo.org/global/Themes/lang--en/index.htm) – oft unter harten oder grausamen Bedingungen: als Soldaten, Prostituierte oder Hausangestellte, in der Landwirtschaft, dem Baugewerbe und der Textil- oder Teppichindustrie.

8 Etwa 884 Millionen Menschen haben keinen Zugang zu sauberem Trinkwasser. WHO und UNICEF: Progress on Drinking Water and Sanitation: Special Focus on Sanitation (2008), S. 30; frei verfügbar von www.wssinfo.org/en/40_MDG2008.html.

9 Ibid. S. 7.

10 Rund 2 Milliarden Menschen haben keinen Zugang zu minimaler medizinischer Versorgung. Siehe Fogerty International Center: Strategic Plan 2000–03, verfügbar von www.fic.nih.gov/about/plan/exec_summary.htm.

11 Rund 1,6 Milliarden Menschen haben keinen Zugang zu elektrischem Strom. UN-HABITAT: Urban Energy, verfügbar von www.unhabitat.org/content.asp?cid=2884&catid=356&typeid=24&subMenuId=0

12 World Health Organisation: The World Health Report 2004 (Genf: WHO 2004), S. 120–25; frei verfügbar von www.who.int/whr/2004/en/.

onen Menschen armutsbedingt. Dies überschreitet um die Hälfte die Gesamtzahl von 200 Millionen Menschen, die im gesamten 20. Jahrhundert durch Regierungsgewalt getötet worden sind – die Gulags, die Konzentrationlager und auch Mao's Großen Sprung nach Vorn mit eingerechnet.

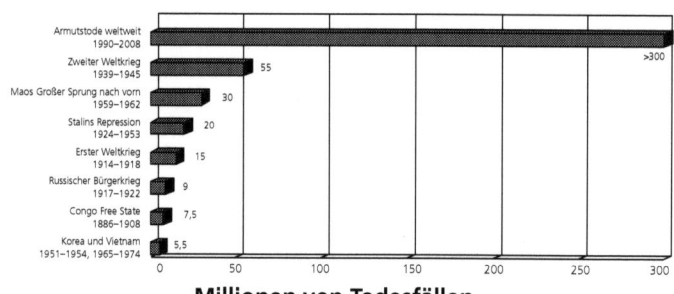

Millionen von Todesfällen

Trotz seiner enormen Ausmaße findet das Weltarmutsproblem in der Politik (mit wenigen Ausnahmen) wenig Beachtung. In den wohlhabenden Ländern wird es oft unter dem Thema Entwicklungshilfe diskutiert: Tun wir genug? Ich betone dagegen nachdrücklich eine andere Sichtweise: *Wir sind aktiv mitverantwortlich dafür, dass Armut fortbesteht, weil wir bei der Aufrechterhaltung von ungerechten internationalen Institutionen mitwirken, die vorhersehbar das Armutsproblem reproduzieren.* Die wohlhabenden Länder leisten nicht nur zu wenig Hilfe, sondern tragen auch viel zu viel zur Reproduktion der Weltarmut bei.

Man kann eine institutionelle Ordnung menschenrechtsverletzend nennen, wenn folgende vier Bedingungen erfüllt sind: *Erstens* muss natürlich ein Menschenrechtsdefizit vorliegen. *Zweitens* muss dieses Defizit durch ein alternatives Design derselben institutionellen Ordnung leidlich vermeidbar sein. *Drittens* muss die Korrelation zwischen dem Aufrechterhalten der bestehenden Ordnung und dem Fortbestehen der Menschenrechtsdefizite vorhersehbar sein. Und *viertens* muss auch absehbar sein, dass jenes alternative Design der institutionellen Ordnung ein erheblich geringeres Menschenrechtsdefizit zur Folge hätte. Wenn eine institutionelle Ordnung in solcher Weise menschenrechtsverletzend ist, dann trifft die Verantwortung dafür diejenigen, die an der Ausarbeitung und Durchsetzung dieser institutionellen Ordnung mitwirken. Im Fall der bestehenden internationalen Ordnung trifft diese Verantwortung unsere und andere mächtige Staaten, die das Welthandelssystem und andere internationale Regelungen aushandeln und deren Auswirkungen absehen können.

Ich behaupte also, dass armutsbedingte Todesfälle und Deprivationen heute mehrheitlich auf ungerechte institutionelle Strukturen zurückgehen, für die wir – Bürger wohlhabender Staaten – mitverantwortlich sind. Wir tragen dazu bei, den armen Menschen dieser Welt eine internationale Ordnung aufzubürden, unter der die Menschenrechte vieler nicht verwirklicht sind.

Nun gibt es ein bekanntes und populäres Gegenargument gegen diese These: Ihm zufolge sind die Menschenrechtsdefizite nicht auf internationale Regeln, sondern ausschließlich auf lokale Umstände zurückzuführen, etwa auf die geographische Lage, das Klima oder die schlechten Herrschaftsstrukturen vieler Entwicklungsländer. Dieses Gegenargument stützt sich auf folgenden Gedanken: Trotz der bestehenden internationalen Regeln haben einige ehemals unterentwickelte Länder (Korea, Singapur, Taiwan, Hongkong und China werden oft genannt) im Gegensatz zu anderen (etwa Angola, Nigeria oder dem Kongo) ihr Armutsproblem überwinden können, was für eine rein lokale Verursachung desselben spricht.

Ich bestreite keineswegs, dass nationale und regionale Faktoren bei der Evolution des Weltarmutsproblems eine gewichtige Rolle spielen. Ich behaupte allerdings, dass globale Faktoren ebenfalls einen wichtigen Beitrag zu den massiven Menschenrechtsdefiziten leisten, die wir uns zu Anfang vergegenwärtigt haben. Ich verteidige diese Behauptung in zwei Schritten. Im ersten Schritt weise ich nach, dass das Gegenargument einen Trugschluss enthält und im zweiten Schritt zeige ich dann positiv, dass unabhängig davon, ob ein Trugschluss vorliegt oder nicht, die Konklusion des Gegenarguments nicht stimmt.

Der Trugschluss im Gegenargument lässt sich durch folgende Analogie erläutern: Bei Lehrveranstaltungen zeigt sich gegen Ende des Semesters, dass manche Studierende mehr und andere weniger gelernt haben. Daraus folgt ohne Zweifel, dass da „lokale", also studentenspezifische Faktoren am Werk sein müssen, die erklären, warum manche Studierende gut abgeschnitten haben und andere nicht. Daraus folgt jedoch nicht, dass „globale" (alle Studierenden betreffende) Faktoren, wie zum Beispiel die Leistung des Lehrenden oder die Qualitäten des Hörsaals, keinen Einfluss auf den Lernerfolg der Studierenden haben.

Solche allgemeinen oder „globalen" Faktoren können sich insbesondere auf dreierlei Weise auswirken. Erstens kann eine bessere Lehrleistung dazu führen, dass die ganze Klasse besser abschneidet. Zweitens können die Vorträge des Lehrenden den je verschiedenen, durch natürliche Anlagen und Vorwissen geprägten Lernpotenzialen der Studierenden unterschiedlich gerecht werden – was dann dazu führt, dass manche aus diesen Vorträgen weit mehr lernen können als andere.

Drittens kann auch noch passieren, dass sogar die studentenspezifischen Faktoren vom Lehrenden beeinflusst werden. Ein männlicher Lehrer etwa, der in seinen Vorlesungen sexistische Witze erzählt oder anzügliche Beispiele gibt, kann damit leicht seine Studentinnen demotivieren. In einem solchen Fall ist mangelnder Lernerfolg nicht einfach bloß darauf zurückzuführen, dass die Studentinnen nicht konzentriert zuhören, sondern letztlich auch auf den Lehrer, der als „globaler" Kausalfaktor das besondere Motivationsdefizit der Studentinnen (und antidiskriminativ eingestellter Studenten) zu allererst verursacht.

Was können wir aus der Analogie für unser Thema lernen? Wenn wir die Studierenden durch die Entwicklungsländer und den Lehrenden durch die bestehende internationale Institutionenordnung ersetzen, dann sehen wir, dass die unterschiedliche Evolution des Armutsproblems in den verschiedenen Entwicklungsländern keineswegs beweist, dass diese Evolution im Rekurs allein auf lokale Faktoren erklärbar sein muss. Die drei in der Analogie angesprochenen Möglichkeiten sind auch hier relevant: Erstens ist möglich, dass bei einer anders gestalteten internationalen Ordnung alle Entwicklungsländer besser dastehen und viel weniger Deprivationen existieren würden. Zweitens ist möglich, dass die Ausgestaltung dieser internationalen Ordnung einige Entwicklungsländer (ihrer besonderen Situation wegen) in Hinblick auf Wirtschaftswachstum und Armutsbeseitigung besonders begünstigt und andere benachteiligt. Drittens kann es sein, dass Komponenten dieser internationalen Ordnung in manchen Entwicklungsländern entwicklungshemmende Faktoren auslösen oder verstärken.

Das Gegenargument enthält also einen Trugschluss. Aus der Tatsache, dass die Evolution der Armut in den verschiedenen Entwicklungsländern sehr unterschiedlich verlaufen ist, folgt in der Tat, dass nationale und regionale Faktoren am Werk sind. Daraus folgt jedoch nicht die Irrelevanz globaler Faktoren wie etwa die den Welthandel strukturierenden Regeln des WTO Abkommens.

Auch wenn das Gegenargument einen Trugschluss enthält, kann seine Konklusion immer noch wahr sein. Deshalb will ich jetzt im zweiten Schritt meiner Verteidigung an drei Beispielen positiv zeigen, wie zentrale Komponenten unserer internationalen Institutionenordnung sich tatsächlich armutsverschärfend auswirken. Mein erstes Beispiel ist der Protektionismus. Den Entwicklungsländern wurde Mitte der 90er Jahre eine Marktöffnung versprochen. Bis heute haben sie aber viel weniger Zugang zu unseren Märkten erhalten als zunächst zugesagt. Es gibt noch immer Zölle, Antidumping-*Duties* und jede Menge künstlich subventionierte Waren, die die Exportmöglichkeiten der armen Länder unterminieren. Allein in der Landwirtschaft zahlen die reichen

Länder jährlich $250–350 Milliarden an Subventionen und damit dreimal soviel wie an Entwicklungshilfe.[13]

Mein zweites Beispiel ist das so genannte TRIPS Abkommen.[14] Dieses setzt fest, dass alle WTO-Mitglieder ein striktes Patentrecht einführen müssen, das insbesondere für Medikamente gilt. Für die armen Länder ist es seit dem 1. Januar 2005 in Kraft – für die allerärmsten wird es erst am 1. Januar 2016 in Kraft treten. Durch diese Globalisierung eines auf reiche Länder zugeschnittenen Patentrechts dürfen nun auch in armen Ländern billige generische Versionen patentierter Medikamente nicht mehr hergestellt und verkauft werden. Dies führt dazu, dass sich sehr viele Menschen neue Medikamente nicht leisten können und in Folge dessen an Krankheiten leiden oder sogar sterben, die man relativ billig vermeiden, heilen oder zumindest lindern könnte. Ein gutes Beispiel sind die neueren „second-line" AIDS Medikamente, die lebenswichtig sind für Patienten, die auf die herkömmlichen („first-line") Mittel nicht ansprechen. Obwohl diese neuen AIDS Medikamente billig herstellbar sind, kosten sie überall mehr als $800 pro Jahr und sind damit für die meisten Patienten in armen Ländern absolut unerschwinglich.[15] Weil die reichen Staaten auf Globalisierung ihres Patentrechts bestanden haben, können Generika-Hersteller in den Entwicklungsländern diese Medikamente nicht herstellen und zu Konkurrenzpreisen verkaufen.

Mein drittes Beispiel illustriert die Analogie zum sexistischen Lehrer. Wir wissen, dass viele Entwicklungsländer von Diktatoren und Juntas äußerst schlecht regiert werden, und eben darin sehen viele den Hauptgrund für das massive Fortbestehen der Weltarmut. Nun sind schlechte Regierungsverhältnisse zwar in der Tat ein erklärender Faktor; aber sie sind andererseits auch selbst wieder erklärungsbedürftig. Es ist also zu fragen, *warum* Unterdrückung und Korruption in den Entwicklungsländern so weit verbreitet sind. Eine wichtige Rolle spielt hier, dass wir moralisch illegitimen Regierungen dadurch Vorschub leisten, dass wir sie als legitim anerkennen. Wir erlauben ihnen, bei uns

---

13 Je nach den Weltmarktpreisen für Agrarprodukte können die Agrarsubventionen sich wie kürzlich auf $250 Milliarden belaufen (www.oecd.org/document/16/0,3343,en_2649_33727_40902224_1_1_1,00.html) oder auch, wie 2005, auf einen viel höheren Betrag (www.oecd.org/document/55/0,3343,en_2649_201185_36965367_1_1_1,00.html). Die globale Entwicklungshilfe beläuft sich z.Zt. auf etwa $100 Milliarden (stats.oecd.org/wbos/Index.aspx?DatasetCode=oda_donor).

14 Trade-Related Aspects of Intellectual Property Rights.

15 AVERT: AIDS, Drug Prices, and Generic Drugs, verfügbar von www.avert.org/generic.htm.

Kredite aufzunehmen, für deren Rückzahlung wir dann die von einer solchen Regierung unterdrückte Bevölkerung verantwortlich machen. Wir lassen sie frei über die (eigentlich der Bevölkerung zustehenden) natürlichen Rohstoffe des Landes verfügen und erkennen Käufer solcher Rohstoffe auch hierzulande als deren rechtmäßige Besitzer an. Wir schließen Verträge mit Gewaltherrschern ab, die für das ganze Land und dessen zukünftige Regierungen bindend sind. Und wir sind es auch, die solche Herrscher bei uns Waffen einkaufen lassen, mithilfe derer sie sich dann gewaltsam an der Macht halten können. Wir gewähren Putschisten und Gewaltherrschern diese vier Privilegien, und dann mokieren wir uns darüber, dass die Afrikaner sich nicht gut zu regieren wissen!

Es ist also wiederum nicht ein Lokalfaktor, sondern eine internationale Regel, die durch die genannten vier Privilegien politische Unterdrückung produziert. Diese Regel ist gut für die Industrieländer, die aus Entwicklungsländern Rohstoffe importieren können, egal, wer dort an der Macht ist. Sie ist gut für Gewaltherrscher in Entwicklungsländern, denen sie für die Dauer ihrer Herrschaft einen beständigen Geldfluss garantiert. Sie ist attraktiv für Putschisten und Rebellenführer, die sich durch einen Staatsstreich oder Bürgerkrieg jene Privilegien verschaffen können. Für die Bevölkerungen dieser Länder jedoch ist unsere Legitimitätsregel katastrophal, weil sie zu illegitimer Machtübernahme anreizt und Gewaltherrschern die finanziellen und militärischen Mittel zum Machterhalt verschafft.

Fragen Sie sich: Sind die Bevölkerungen vieler afrikanischer Staaten wirklich selbst daran schuld, dass sie von brutalen Diktatoren beherrscht werden? Oder sind es vielmehr *wir*, die ihre Unterdrücker durch Gewährung der genannten vier Privilegien motivieren und unterstützen?

Anhand von drei Beispielen habe ich zu zeigen versucht, dass auch die Konklusion des Gegenarguments nicht stimmt. Die strittige Frage war diese: Warum besteht das Armutsproblem in so riesigem Umfang fort, dass 30 Prozent aller Todesfälle auf armutsbedingte Ursachen zurückgehen – obwohl das globale Durchschnittseinkommen ständig ansteigt und 2005 (nach Kaufkraftparitäten berechnet) bereits bei $26 pro Tag lag?[16] Meine Beispiele zeigen, dass die Erklärung dieses Phänomens nicht allein auf lokale und nationale Faktoren rekurrieren kann. Globale institutionelle Strukturen haben ebenfalls einen starken

---

16 World Bank: World Development Report 2007 (Washington: The World Bank 2006), S. 289.

Einfluss auf die Evolution der Weltarmut: zum einen direkt – wie im Fall der Medikamente und des Protektionismus – und zum anderen auch indirekt: wie im Fall der vier Privilegien, durch die wir erheblich zum Fortbestehen korrupter und repressiver Herrschaftsverhältnisse in den Entwicklungsländern beitragen.

* * *

Oft wird gesagt, das Weltarmutsproblem, so schlimm es ist, werde jetzt im Zuge der Millennium-Entwicklungsziele energisch angepackt und drastisch verringert. Das erste und prominenteste Millenniumsziel verlange schließlich die Halbierung der Weltarmut bis 2015, und der aktuelle Stand der Dinge zeige, dass wir auf gutem Weg seien, dieses Ziel auch zu erreichen. Diese beliebte Nachricht will ich abschließend kritisch kommentieren.

Das Ziel, die Weltarmut zu halbieren, wurde schon auf dem Welternährungsgipfel in Rom im Jahre 1996 verkündet. Damals verpflichteten sich 186 Regierungen „to achieving food security for all and to an ongoing effort to eradicate hunger in all countries, with an immediate view to reducing the number of undernourished people to half their present level no later than 2015."[17] Dazu mein ersten Kommentar: Es ist kein ehrgeiziges Ziel, ein Problem, das jährlich 18 Millionen Menschenleben kostet, binnen 19 Jahren zu halbieren (was einer Reduktion des Problems um 3,58 Prozent pro Jahr entspricht). Stellen Sie sich vor, Franklin Roosevelt hätte 1942 verkündet, dass das Morden der Nazis so schlimm sei, dass man es bis 1961 halbieren müsse! Dabei waren die Schwierigkeiten, die die Alliierten zu überwinden hatten, noch weitaus größer als die, die das Weltarmutsproblem uns entgegenstellt: Ihr Sieg im zweiten Weltkrieg kostete 23 Millionen alliierte Soldaten das Leben; und die USA, die Sowjetunion und Großbritannien verwandten in den Kriegsjahren rund die Hälfte ihrer Bruttosozialprodukte in Militärausgaben.[18] Für einen Sieg über die Weltarmut müsste niemand bluten, und die für die reichen Länder anfallenden Kosten und Opportunitäts-

---

17 Rome Declaration on World Food Security, verfügbar von www.fao.org/docrep/003/w3613e/w3613e00.htm.
18 Mark Harrison: „Resource Mobilization for World War II: the U.S.A., U.K., U.S.S.R., and Germany, 1938–1945," Economic History Review 41 (1988), 171–192, S. 184. Siehe auch Mark Harrison (Hrsg.): The Economics of World War II: Six Great Powers in International Comparison (Cambridge: Cambridge University Press 2000), S. 287 et passim.

kosten würden nur einen geringfügigen Prozentsatz ihrer Bruttosozialeinkommen ausmachen.

Dennoch war den Regierungen der Welt das Ziel von Rom wohl zu lästig. Jedenfalls wurde es im Jahr 2000 subtil umgeschrieben: In der Milleniumserklärung der Vereinten Nationen versprachen 192 Regierungen nur noch: „to halve, by the year 2015, the proportion of the world's people whose income is less than one dollar a day and the proportion of people who suffer from hunger".[19] Die Halbierung der Armut bis 2015 bleibt demnach dem Namen nach als Ziel erhalten, allerdings soll nun nicht mehr die Zahl der Armen, sondern ihr Anteil an der Weltbevölkerung halbiert werden. In Anbetracht der Tatsache, dass von 2000 bis 2015 ein Anwachsen der Weltbevölkerung um rund 20 Prozent zu erwarten ist,[20] reicht also eine Verringerung auf 60 Prozent der 2.000er Zahl der Armen, um das neue Ziel zu erreichen. Diese Neuformulierung impliziert eine jährliche Verringerung des Weltarmutsproblems um 3,35 Prozent.

Ein wenig später wurde dieses Ziel noch einmal uminterpretiert. In gegenwärtigen Berichterstattungen der Vereinten Nationen wird das Basisdatum vom Jahr 2000 auf das Jahr 1990 zurückverlegt und auch der Anteil der Armen auf die schneller wachsende Bevölkerung der Entwicklungsländer bezogen.[21] Weil von 1990 bis 2015 ein Anwachsen der Bevölkerung der Entwicklungsländer um rund 46 Prozent zu erwarten ist,[22] reicht nun eine Verringerung auf 73 Prozent der 1990er Zahl der Armen, um das neue Ziel zu erreichen, was einer jährlichen Verringerung des Weltarmutsproblems um 1,25 Prozent gleichkommt. Chinas erfolgreiche Armutsbekämpfung in den 1990er Jahren wird hier mitgezählt – und dadurch wird die dramatische Verwässerung des ersten Millenniumsziels unfreiwillig komisch: Die UNO konnte stolz berichten, dass die volkreichste Region der Welt, der Ostasien-Pazifik

---

19 United Nations General Assembly: United Nations Millennium Declaration, UNO Dokument A/res/55/2, 8. September 2000, Absatz 19(1); verfügbar von www.un.org/millennium/declaration/ares552e.htm.

20 Siehe US Census Bureau, verfügbar von www.census.gov/ipc/www/idb/worldpop.htm.

21 Siehe z. B. United Nations: The Millennium Development Goals Report 2007 (New York, UNO 2007), S. 6–7; frei verfügbar von www.un.org/millenniumgoals/pdf/mdg2007.pdf

22 UN Population Division: World Population Prospects: The 2006 Revision (2007), verfügbar von http://esa.un.org/unpp.

Raum, das erste Millenniumsziel schon 1999 erreicht hatte – ein Jahr bevor dieses Ziel überhaupt verkündet wurde![23]

Ein weiterer Punkt ist zur Beurteilung des ersten Millenniumsziels wichtig: Der Rückgang der Weltarmut hängt stark davon ab, wie die Weltarmut gemessen wird. Die Vereinten Nationen berufen sich hier auf die Weltbank, die regelmäßig die Anzahl der in extremer Armut lebenden Menschen bekannt gibt. Das Weltarmutsproblem allein an der Anzahl der Armen zu bemessen, ist jedoch unangebracht, da auch relevant ist, um wie viel die Armen die Armutsgrenze verfehlen und wie viele Menschen knapp darüber leben.

Mir aber geht es an dieser Stelle noch um etwas anderes: Der Weltbank zufolge sind genau diejenigen von extremer Armut betroffen, deren durchschnittlicher Tageskonsum weniger kostet als das Kaufkraftäquivalent von einem US-Dollarbetrag. Dieser Dollarbetrag wurde bislang vier Mal festgesetzt, wie die folgende Tabelle zeigt.

Armutsgrenze definiert durch die Kaufkraft von	im Jahre	Das entspricht in US-Dollar des Jahres 2005
$1,02	1985	$1,85
$1,00	1985	$1,81
$1,08	1993	$1,45
$1,25	2005	$1,25

Sie sehen hier, dass die von der Weltbank zugrunde gelegte Armutsgrenze wirklich extrem niedrig liegt. Man kann sich nicht vorstellen, wie jemand im Jahr 2005 in den USA von $1,25 pro Tag – also von $456 im ganzen Jahr – soll überlebt haben können.

Die Armutsgrenze so extrem niedrig anzusetzen bringt jedoch zwei Vorteile mit sich, von denen einer auf der Hand liegt: Je niedriger man die Armutsgrenze ansetzt, umso weniger Arme gibt es. Weniger offensichtlich, aber viel wichtiger, ist der zweite Vorteil: Je niedriger man die Armutsgrenze ansetzt, desto erfolgreicher sind wir bisher bei der Armutsbeseitigung gewesen.

Sie erinnern sich, nach der letzten Verwässerung des Ziels, die Weltarmut zu halbieren, ist die Anzahl der Armen von 1990 bis 2015 um jährlich 1,25 Prozent zu senken. Um auf gutem Wege zur Erreichung dieses Ziels zu sein, hätte man von 1990–2005 also eine Verringerung

23 Implementation of the United Nations Millennium Declaration: Report of the Secretary-General, UNO Dokument A/57/270, 31. Juli 2002, S. 22; verfügbar von www.undemocracy.com/A-57-270.pdf

der Weltarmut um 17,2 Prozent erzielen müssen. Die nächste Tabelle zeigt, wie sich die Festsetzung der Armutsgrenze auf unseren Erfolg bzw. Misserfolg bei der Armutsbeseitigung auswirkt.[24]

Armutsgrenze als Kauf-kraftäquivalent von US-Dollar des Jahres 2005	Veränderung in der Zahl der Armen 1990–2005		im Vergleich: besser (+) oder schlechter (−)
	planmäßig	tatsächlich	
$1,25	−17,2 %	−23,0 %	+ 34 %
$2,00	−17,2 %	− 5,7 %	− 67 %
$2,50	−17,2 %	+ 2,1 %	−112 %

Wenn man die Armutsgrenze, wie die Weltbank, extrem niedrig ansetzt, dann wurde die Armut von 1990–2005 um 34 Prozent stärker reduziert als vom verwässerten ersten Millenniumsziel avisiert. Legt man hingegen eine plausiblere Armutsgrenze zugrunde, dann fallen die Ergebnisse in diesem Zeitraum weit weniger positiv aus: Definiert man als arm diejenigen, die von weniger als $2,00 pro Tag (Kaufkraft von 2005) leben, dann wurde in den 15 Globalisierungsjahren nicht einmal ein Drittel des angestrebten Zwischenziels erreicht; definiert man als arm schließlich diejenigen, die unter $2,50 pro Tag (Kaufkraft von 2005) leben, dann ist die Zahl der Armen in den 15 Globalisierungsjahren sogar um 64 Millionen (2,1 Prozent) gestiegen.

Aber liegt eine Armutsgrenze, die durch die Kaufkraft von $2 oder gar $2,50 pro Tag in den USA im Jahre 2005 definiert ist, nicht zu hoch? Diese Kritik lässt sich auf zweierlei Weisen verstehen. Zum einen kann gemeint sein, dass Menschen auch mit weniger auskommen können als dem, was man in den USA in Jahre 2005 für $730 bzw. $913 (oder 2009 für knapp $800 bzw. knapp $1.000[25]) kaufen konnte. Menschen, die auf diesem Niveau leben müssen, sind also zu wohlhabend, um als arm eingestuft werden zu dürfen. Diesen Einwand können Sie selbst beurteilen, wenn Sie sich vorstellen, wie Sie hier in

---

24 Die in der Tabelle genannten Zahlen sind errechnet aus Tabelle 8 in Shaohua Chen und Martin Ravallion: „The Developing World is Poorer than We Thought, but no Less Successful in the Fight against Poverty," World Bank Policy Research Working Paper WPS 4703 (2008), verfügbar von econ.worldbank.org/docsearch.

25 Siehe www.bls.gov/cpi für den US Preisindex.

Deutschland von nur dem leben würden, was Sie hier für rund 600 bzw. 750 Euro kaufen können.[26]

Man kann die Kritik auch anders verstehen: Wenn man die Armutsgrenze durch die Kaufkraft von $2 oder $2,50 pro Tag in den USA im Jahre 2005 definierte, dann würde das Ziel, die Armut abzubauen und letztlich ganz zu beseitigen, viel zu teuer werden. Die folgende Tabelle zeigt, dass auch dieser Einwand nicht stichhaltig ist.[27]

Armutsgrenze als Kaufkraftäquivalent von US-Dollar des Jahres 2005	Die Armen im Jahre 2005		Gesamtfehlbetrag zur Armutsgrenze in Prozent des Weltprodukts nach	
	Anzahl	Durchschnittlicher Fehlbetrag zur Armutsgrenze	Kaufkraft	Wechselkursen
$1,25	1,40 Mrd.	28 %	0,33 %	0,15 %
$2,00	2,58 Mrd.	40 %	1,3 %	0,6 %
$2,50	3,14 Mrd.	45 %	2,2 %	1,1 %

Natürlich würde eine Anhebung der internationalen Armutsgrenze die Anzahl der Armen und – stärker noch – ihr kollektives Defizit (das, was ihnen zur Erreichung der Armutsgrenze fehlt) in die Höhe treiben. Eine Verdopplung der Armutsgrenze von $1,25 auf $2,50 pro Tag (Kaufkraft 2005) erhöht dieses Gesamtdefizit auf mehr als das Siebenfache. Aber selbst dieses stark erhöhte Gesamtdefizit liegt bei bloß 1,1 Prozent des Weltprodukts (nach Wechselkursen berechnet). Auch so definiert ist die Beseitigung der Armut also keineswegs unerschwinglich.[28] Was fehlt, sind nicht die Mittel, sondern der politisch Wille – unser

---

26 Es stimmt, mit Dollars und Euros kann man in armen Ländern mehr kaufen als bei uns. Aber dieser Gedanke ist hier nicht relevant, weil die Weltbank ihre Armutsgrenze ja nach Kaufkraftparitäten umrechnet und nicht nach Wechselkursen.

27 Chen und Ravalion (zitiert in Fußnote 24), S. 23.

28 Die USA geben über 5 Prozent ihres Bruttosozialprodukts für's Militär aus (www.cdi.org/PDFs/What is the Defense Budget.pdf) und haben, wie schon gesagt (Fußnote 18), im Zweiten Weltkrieg ihre Militärausgaben auf rund die Hälfte ihres Bruttosozialprodukts erhöht.

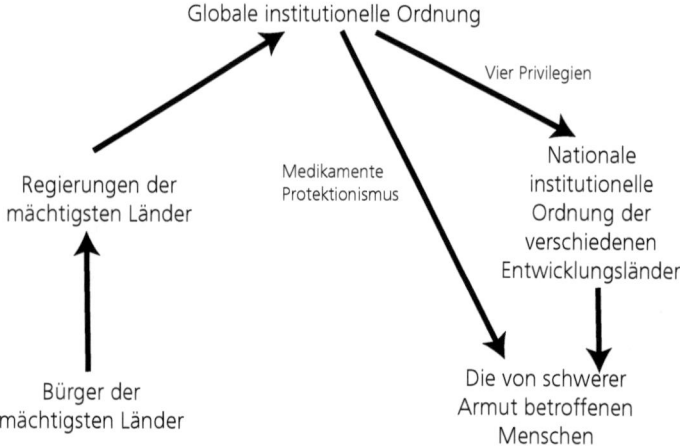

Globale institutionelle Ordnung

Vier Privilegien

Regierungen der
mächtigsten Länder

Medikamente
Protektionismus

Nationale
institutionelle
Ordnung der
verschiedenen
Entwicklungsländer

Bürger der
mächtigsten Länder

Die von schwerer
Armut betroffenen
Menschen

politischer Wille, dessen Mangel in der allseits totgeschwiegenen Geschichte der Verwässerung des gefeierten Ziels, die Weltarmut bis 2015 zu halbieren, beschämend offensichtlich wird.

Unser mangelnder Wille, die Weltarmut zu beseitigen, – und dies ist die zentrale These meines Vortrags – manifestiert sich nicht nur in mangelnder Hilfsbereitschaft, sondern moralisch viel schwerwiegender in unserer Bereitschaft, die Armut um kleiner Vorteile willen aktiv zu verschärfen. Die Regeln der Weltwirtschaft werden von den mächtigen Staaten untereinander ausgehandelt, so wie es für sie und ihre Firmen am günstigsten ist. Wie sich diese Regeln auf die Armen auswirken, wird dabei nicht berücksichtigt. Vom Welthandelsvertrag erlaubt, zerstören unsere protektionistischen Subventionen die Exportmöglichkeiten armer Bevölkerungen. Vom Welthandelsvertrag verlangt, blockieren Monopolpatente den Zugang armer Patienten zu lebenswichtigen Medikamenten. International als legitim anerkannt, verkaufen Gewaltherrscher uns die natürlichen Rohstoffe ihrer Opfer, kaufen sich bei uns die zum Machterhalt nötigen Waffen und bringen den Rest des Geldes auf Privatkonten bei unseren Banken in Sicherheit.[29] Solche globalen

---

29 Die Entwicklungsländer verlieren jährlich rund eine Billion Dollar durch korrupte Transaktionen. Siehe Dev Kar and Devin Cartwright-Smith: Illicit Financial Flows from Developing Countries 2002–2006 (Washington: Global Financial Integrity 2008), S. 10–11; verfügbar von www.ffdngo.org/documentrepository/GFI%20Report.pdf. Die globale Entwicklungshilfe summiert sich zu etwa einem Zehntel dieser Summe (siehe Fußnote 14).

institutionellen Strukturen, die von uns geschaffenen und aufrecht-erhaltenen werden, tragen entscheidend zur Reproduktion der Welt-armut bei – sei es direkt, wie im Fall der überteuerten Medikamente und des Protektionismus, oder indirekt, wie im Fall der Privilegien für Gewaltherrscher in den Entwicklungsländern. Die Verantwortung für die Ausformung und Durchsetzung dieser globalen institutionellen Ordnung liegt insbesondere bei den mächtigeren Industriestaaten, die einen entscheidenden Einfluss darauf haben, wie diese Ordnung aus-geformt und durchgesetzt wird. Diese Verantwortung tragen letztlich wir, die wir als Bürger dieser Staaten für die Politik unserer Regierung verantwortlich sind. Das Ausmaß vermeidbaren Leidens und Sterbens, das fortgesetzte Weltarmut produziert, legt das Urteil nahe, dass wir mitverantwortlich sind für die größte Menschenrechtsverletzung der Geschichte. Vielen Dank. Das ist alles.

Heidemarie Wieczorek-Zeul

Lieber Herr Pogge, lieber Hans-Jochen Vogel, liebe Gäste, lieber Julian, ich bin sehr gerne zu dieser Veranstaltung gekommen. Ich habe jetzt einmal das beiseite gelegt, was man dann so an vorbereiteter Rede immer dabei hat, und werde auf einen Teil der gehörten Punkte unmit-telbar eingehen. Jedenfalls wird aus dem, was Herr Professor Pogge gesagt hat, selbst wenn man in einzelnen Punkten unterschiedlicher Auffassung wäre, ersichtlich, dass wir alle gemeinsam einer Katastro-phe zusehen, ohne dass es weltweit große Empörung gäbe, auch bei uns im Land nicht. Das muss man leider feststellen.

Ich nehme einen Punkt heraus, bevor ich auf etwas grundsätzli-chere Fragen eingehen werde: Wer beschäftigt sich, außer Fachleuten, eigentlich mit der Frage, dass die EU-Kommission gesagt hat, sie sei bereit, eine Milliarde Euro, die von nicht ausgegebenen Agrarexport-subventionen übrig ist, den Entwicklungsländern zur Bekämpfung der Nahrungsmittelkrise und für ländliche Investitionen zur Verfügung zu stellen? Obwohl es doch die offiziell erklärte Position der Regierun-gen ist – unsere eingeschlossen, ich bin da ganz eindeutig in der Min-derheit –, dass dies der finanziellen Vorausschau der EU-Finanzierung widerspricht und infolgedessen die Mittel nicht zur Verfügung gestellt werden. Das ist eine Fachdiskussion. Da ist niemand, der in diesen Fragen sagt, so gehe es nicht, wir müssten die Mittel zur Verfügung stellen. Und das bewegt sich noch im Rahmen der schon bestehenden ungerechten Strukturen, denn die Agrarexportsubventionen sind ja im Grunde das Ungerechteste, was man sich vorstellen kann.

Also, ich habe das nur als ein aktuelles Beispiel, das ich schon lange vor Augen habe, angesprochen – auch weil demnächst die Diskussion und Entscheidung in der Europäischen Union auf der Tagesordnung steht. Denn das eine ist die richtige Analyse und das andere ist immer die Frage, wie wir praktisch handeln.

Ich finde es jedenfalls toll, dass es einen Philosophen gibt, der ganz bewusst und ganz gezielt derartige Gerechtigkeitsfragen auch in den internationalen Rahmen stellt. Da würde ich jetzt einerseits sagen, müssten manche unserer Politiker und auch der Beamten philosophischer sein. Umgekehrt, das ist wohl auch so, würde ich sagen, manche Philosophen müssten vielleicht politischer sein. Jedenfalls hoffe ich, dass es viele Nachahmer in Bezug auf Pogges Grundansatz gibt.

Die Punkte, die Thomas Pogge angesprochen hat: die Notwendigkeit, Globalisierung gerechter zu gestalten und unsere Anstrengungen, gerechte Institutionen und Regeln zu schaffen, finde ich außerordentlich richtig und auch sehr präzise beschrieben. Denn welcher Philosoph beschäftigt sich sonst schon mit den Fragen der Weltbank, der ILO, der OECD oder des IWF? Das kommt eigentlich sehr selten vor. Ich möchte sagen, auch dem einen oder anderen aus dem Bereich der Politik wäre anzuraten, diese globalen Fragen und Analysen stärker zu berücksichtigen.

So teile ich den Grundsatz Pogges, dass wir absolut ungerechte weltwirtschaftliche Strukturen und Regelwerke haben. Was Sie hier gesagt und auch zuvor schon geschrieben haben, erinnert mich an vieles, was die vorhin teilweise schon genannten – zum Beispiel Amartya Sen, Jim Wolfensohn, Kofi Annan oder auch Joe Stiglitz – als Position vertreten. Da gibt es eine Fülle von Gemeinsamkeiten, auf die ich mich als erstes konzentrieren will.

Man kann sich über die Frage der Definition der Millenniums-Entwicklungsziele im Einzelnen streiten. Tatsache ist aber, dass sie seit 2000 für alle Staaten und Regierungen gleichermaßen Gesetz sind. Die acht Millenniums-Entwicklungsziele sind globale Regeln für eine gerechtere Gestaltung der Welt. Mit ihnen haben wir auch konkrete Anleitungen, Armut drastisch zu reduzieren. Die zentrale Aufgabe ist hierbei, mit dazu beizutragen, dass Kinder mindestens bis zum 14. Lebensjahr in die Schule gehen können, sowie dazu beizutragen – um die Millenniums-Entwicklungsziele noch mal vor Augen zu führen –, dass die Müttersterblichkeit und die Sterblichkeit von Kindern drastisch reduziert wird. Dazu muss ich sagen, diese beiden Ziele – Mütter- und Kindersterblichkeit – werden bisher wirklich am skandalösesten verfehlt. Wir hatten Ende September 2008 die UN-Konferenz zur Überprüfung der Millenniums-Entwicklungsziele. Es ist so, dass weltweit jede Minute eine Frau an den Folgen einer Schwangerschaft oder bei der Geburt eines Kindes stirbt. Und es ist so, dass, während wir jetzt hier sitzen, jeden Tag 26.000 Kinder an Krankheiten wie Malaria und dergleichen sterben – da haben Sie Herr Pogge völlig Recht –, die unter unseren Bedingungen jederzeit heilbar wären. Kinder, die eigentlich gerettet werden könnten.

Ich komme auf den praktischen Punkt zurück, auf die Frage, was wir eigentlich tun, um Ungerechtigkeiten zu beseitigen. An der Stelle will ich noch einmal betonen, dass wir politisch handeln müssen und das versuche ich als Entwicklungsministerin zum Beispiel in der Frage des „TRIPS" (Übereinkommen über handelsbezogene Aspekte der Rechte des geistigen Eigentums) zu bewirken. Es ist aber schon deshalb schwierig, weil einer der Punkte immer die Frage der Kohärenz – Hans-Jochen Vogel weiß das besser als viele andere – innerhalb der Regierungen und zwischen den Ressorts ist. Also, ich versuche die TRIPS-Regelung zu ändern, außerdem versuchen wir praktische Konsequenzen zu ziehen. Denn die Regelung für die ärmsten Entwicklungsländer läuft ja erst 2016 aus. Was tun wir? Wir unterstützen und beraten mit unserer Entwicklungszusammenarbeit die ärmsten Entwicklungsländer in Afrika, damit sie in ihrem Bereich diese Generika selber herstellen und sie somit auch exportieren können. Das ist zwar nicht die große Gerechtigkeit, aber es ist für die Menschen, deren Leben damit gerettet wird, ein Riesenschritt. Deshalb ist dies, so finde ich, auch ein Schritt, Ungerechtigkeiten zu beseitigen – ein Beispiel ganz im Sinne unseres Themas.

Um AIDS erfolgreich zu bekämpfen, das heißt zurückzudrängen, ist der globale Fond eingerichtet worden. Man kann sagen, dass seit dessen Einrichtung im Jahr 2002 ungefähr 3 Millionen Menschenleben gerettet worden sind. Menschen, die behandelt werden können, die eine Chance haben, damit auch ihre eigene Existenz zu sichern, die Familie zu ernähren. Es gibt also durchaus gewisse Fortschritte unserer Politik.

Aber bei der Mütter- und Kindersterblichkeit ist die Situation, wie gesagt, am skandalösesten. Das hängt unter anderem mit einer Frage zusammen, die zu wenig angesprochen worden ist, nämlich die nach der Art, wie über Gesundheitssysteme entschieden wird, auch wie sie finanziert werden. Aber es hängt auch mit der Frage nach Sexualität und dem Zugang von Frauen zu den Möglichkeiten der Familienplanung zusammen. An der Stelle ein Punkt, den Pogge selbst nicht hat ansprechen können: Ich bin ganz sicher, wenn die Geburt von Kindern nicht nur eine Aufgabe von Frauen wäre, dann wäre der Sektor des Gesundheitswesen eine der stärksten Säulen im

Rahmen der Entwicklungszusammenarbeit und auch der internationalen Strukturen.

Deshalb müssen wir gerade in diesem Bereich – und das ist einer der Punkte, an dem ich mit anderen zusammen ganz besonders arbeite – der Entwicklung der Gesundheitsstrukturen und Gesundheitsstationen, des Zuganges zu Medikamenten vor allen Dingen die Frauen befähigen, ihre eigene Initiative einzubringen. In den Entwicklungsländern sind die Frauen eine Kraft, die meines Erachtens von vielen unterschätzt wird und die wir zum Erreichen der Milliennium-Entwicklungsziele absolut dringend brauchen.

Um auch auf die anderen Milliennium-Entwicklungsziele einzugehen, will ich zum Umweltschutz und zur Frage der globalen Partnerschaft folgendes sagen:

Man kann sich über die Frage streiten, ob der eine Dollar die richtige Zahl ist, ob 1,25 Dollar oder 2,00 Dollar richtig sind. Die Wahrheit ist: Selbst nach den Relationen der 2,00 US-Dollar-Grenze ist praktisch die Hälfte der Weltbevölkerung arm und wir müssen alles Interesse daran haben, dass dem entgegengewirkt wird. Das ist eben die zentrale politische Aufgabe! Man kann natürlich jede Facette der Millenniums-Entwicklungsziele auch noch einmal einzeln bewerten, wie Sie das getan haben, doch das Allerwichtigste ist, dass überhaupt erst einmal die Regeln von allen beherzigt werden.

Mein Verdacht ist jedenfalls, dass die Millenniums-Entwicklungsziele nicht allenthalben hinlänglich bekannt sind – um es einmal diplomatisch und verklausuliert auszudrücken.

Ich will auch darauf hinweisen, dass Entwicklungspolitik – und auch deshalb bin ich dankbar dafür, dass das Thema Gerechtigkeit so deutlich und massiv von Ihnen, Herr Professor Pogge, angesprochen worden ist – eben unter dem Gesichtspunkt globaler Zukunftspolitik zu sehen ist. Es geht nicht nur darum, einen einzelnen Brunnen zu bohren oder eine einzelne Schule zu bauen, sondern dies müßte auch ein Beitrag dazu sein, die Welt gemeinsam politisch, sozial, ökonomisch und ökologisch gerechter zu gestalten. Insofern teile ich Ihre Auffassung, dass viele institutionelle Regelungen faktisch Ungerechtigkeit beinhalten. Sie haben es am Beispiel der WTO angesprochen.

Die WTO ist nun eine Organisation, in der zwar alle Länder der UN vertreten sind, deren Grundgedanke des Freihandels die einzelnen Länder aber sehr unterschiedlich trifft, denn die Schwächeren brauchen natürlich mehr Schutz. Daran ist ja gerade die letzte Welthandelsrunde in letzter Konsequenz gescheitert. Es gibt eben auch hierbei die doppelten Standards – die niemanden auf die Barrikaden treibt oder irgendwo zu Aufständen oder Auseinandersetzungen führt. Zu diesen doppelten

Standards gehört, dass im Rahmen dieser WTO-Regelung gesagt worden ist: Erst dann, wenn es eine Gesamtregelung gibt, werden auch bis 2013 die Agrarexportsubventionen auslaufen. Die Agrarexportsubventionen werden sowohl von den USA, als auch von der Europäischen Union praktiziert – beide sind eine krasse Aggression gegen die Märkte und die Entwicklungen in den Entwicklungsländern. Deshalb bin ich dafür, sie so schnell wie möglich zu beenden.

Es gibt zur Zeit eine Kumulation von vier Krisen, die besonders die Entwicklungsländer treffen, auf die wir deshalb gemeinsam antworten müssen. Wir haben zum ersten die steigenden Nahrungsmittelpreise, für welche die Aufmerksamkeit auch schon wieder nachlässt, weil sie sich nach anfänglicher Verdreifachung jetzt auf nur noch verdoppeltem Niveau befinden. Wenn jemand aber in einem Entwicklungsland am Tag nur 50 Cent Einkommen hat, dann ist die Konsequenz Hunger und Unterernährung. Die Zahl der Hungernden ist mittlerweile auf über eine Milliarde gestiegen.

Der zweite Punkt ist die Auswirkung der Ölimporte. Auch wenn die Ölpreise gerade gesunken sind, haben die ärmsten Entwicklungsländer im Jahr 2008 50 Milliarden US-Dollar an Ölrechnungen mehr zu zahlen gehabt als zuvor. 50 Milliarden, das ist fast doppelt so viel, wie sie an Mitteln aus der Entwicklungszusammenarbeit bekommen.

Der dritte Punkt sind die Auswirkungen der Klimakrise und der vierte Punkt die der Finanzkrise.

Diese vier Krisen kombinieren sich und verschärfen die Entwicklung noch einmal in einem Maße, das meines Erachtens in der öffentlichen Diskussion längst nicht ausreichend wahrgenommen worden ist. Deshalb bin ich dafür, und ich verknüpfe das jetzt mit Ihren Ausführungen, dass wir sagen: Das ist jetzt die Gelegenheit, mit dazu beizutragen, dass es Entscheidungsstrukturen in dieser Welt gibt, wie wir sie in unserem SPD-Grundsatzprogramm – für mich ist das die Orientierung fürs Regierungsprogramm – verankert haben. Wir haben gesagt, dass wir einen global UN-Council for Social and Economic Policy oder for Sustainability brauchen, damit endlich erstens alle Regionen eine Chance haben, ihre Interessen in diesen Fragen auch einzubringen, damit zweitens kohärent diskutiert wird und nicht die UNCDAT das eine sagt, Unicef das andere und die WTO das dritte. In diesem Global Council müssten auch die internationalen Organisationen vertreten sein. Dies bedeutet dann auch, dass es eine Veränderung der Strukturen bei G8, G20 etc. geben muss, in die Richtung von Strukturen, die vom größeren Teil der Welt mit gestaltet werden können.

Ich hoffe, dass wir in dieser Situation die bisher vielleicht von manchen für unrealistisch gehaltene Perspektive eines solchen Global

Council – wir haben ihn in ungerechter Form im UN-Sicherheitsrat – zu einer der massivsten gemeinsamen Forderungen machen. Denn wir brauchen in diesen Fragen ein Stück Gestaltung jenseits dessen, was Unternehmen oder andere ungerechtfertigte Instanzen beeinflussen können. Das ist der Punkt, den ich in Bezug auf die Frage der institutionellen Ordnung ansprechen will.

Jedenfalls kann ich sagen, dass die große globale Aufgabe heute das ist – und jemand wie Hans-Jochen Vogel, der sich in Fragen wie dem Bändigen des globalen Kapitalismus und dem Zähmen der globalen Wirtschaftsordnung ganz besonders engagiert hat, weiß das –, was wir als Sozialdemokratie im 19. und 20. Jahrhundert im Rahmen des Nationalstaats versucht haben. Und niemand ist besser dafür gerüstet als die Sozialdemokratie. Das ist meine feste Überzeugung. Wir müssen dies aber auch in unserer Arbeit Praxis werden lassen.

Der Präzision halber will ich noch mal sagen, dass es natürlich nicht nur die Strukturen und die Institutionen sind, sondern natürlich auch die Denkweise, die mit ihnen verbunden ist. Denn über Jahre, wenn nicht Jahrzehnte, hinweg haben wir doch ein Vorherrschen der Vorstellung gehabt, dass sich der Staat am besten raushalten soll, dass es sowieso nur die Märkte sein können. Ich will mir über die heimische Debatte darüber, dass jetzt die Banken nach dem Staat rufen, das Lächeln verkneifen. Ich weiß jetzt nicht, ob Hans-Jochen Vogel mich kritisiert hatte, als ich das als Juso-Vorsitzende forderte. Aber global ist es jetzt notwendig, dass wir von der Vorstellung wegkommen – und das ist ja der Kern der Ungerechtigkeit bei internationalen Organisationen –, dass der angeblich freie Markt alles regelt und staatliche Strukturen da nichts zu suchen haben. Deshalb geht es um die gemeinsame Frage: Wie können wir im globalen Maßstab, wo es einen globalen Staat in der Form eben nicht gibt, die Möglichkeiten nutzen, um trotzdem alle Instrumente einzusetzen, die wir für mehr Gerechtigkeit gebrauchen können?

Wenn ich darf, würde ich gern ein paar einfache praktische Beispiele nennen, die wir versuchen umzusetzen. Wir reden ja nicht nur darüber, sondern wir machen auch praktische – zwar manchmal kleine – Schritte, aber immerhin.

Was haben wir hinsichtlich der wirtschaftlichen und sozialen Gestaltung der Globalisierung zu tun versucht, um Strukturen und Institutionen gerechter zu machen? Den Global Council habe ich angesprochen. Mit dazu beizutragen, dass die Kernarbeitsnormen der internationalen Arbeitsorganisationen: freie Gewerkschaften, keine Zwangsarbeit, keine Kinderarbeit in die internationalen Organisationen und deren Geschäftspolitik einbezogen werden, ist etwas, was wir in der IFC

(Internationale Finanzkooperation) umgesetzt haben und was damit auch für die Weltbank gilt. Wir hatten seit 2002 den Washington-Konsens, den ich eben noch einmal genannt habe, im Grunde schon beerdigt, doch in manchen Köpfen kommt er natürlich immer noch durch. Trotzdem ist es notwendig, auch in diesem Bereich Veränderungen voranzubringen. Bei der Weltbank nehme ich für mich und meine Kolleginnen und Kollegen, die da gearbeitet haben, in Anspruch, dass wir sie weggebracht haben von der alten Vorstellung der Strukturanpassungsprogramme, welche die Armut und die Ungerechtigkeit vergrößert haben. Wir haben dazu beigetragen, dass wir jetzt auch mit der Weltbank Armut bekämpfen, um die Millenniumsziele tatsächlich umsetzen zu können, und dass sich die Weltbank mittlerweile auch bei den erneuerbaren Energien und in ökologischen Fragen entsprechend engagiert.

Oder: Sie haben etwas genannt, das eher der Situation von vor Jahren entspricht, nämlich dass wir von Diktatoren in afrikanischen Ländern und deren Rohstoffproduktion profitieren würden. Da hat sich etwas geändert. Erstens kriegt heute jedenfalls kein Diktator irgendeinen Cent oder Euro – Euro jedenfalls, soweit ich es verantworten kann –, also keine Mittel der Entwicklungszusammenarbeit mehr. Das war vor 1990 noch anders, als die Mauer auch durch Afrika verlief und auch da Diktatoren unterstützt und gefördert worden sind. Heute gibt es die Extractive Industries Transparency Initiative. Die sagt: Alle Unternehmen und Länder, die sich daran beteiligen – Nigeria beteiligt sich zum Beispiel daran –, müssen offen legen, was sie bei der Rohstoffextraktion einnehmen und offen legen, wie sie das Geld in ihren Haushalten verwenden. Das ist jedenfalls ein Ansatz von Transparenz, den ich für außerordentlich wichtig halte.

Dann die Frage der ökologischen Gestaltung: Ich will das noch einmal wegen der Dramatik dessen, was dort unsere Aufgabe ist, ansprechen. Wenn es so ist, dass nur noch zwei Tonnen CO_2-Emmission pro Kopf der Bevölkerung pro Jahr gerecht, nachhaltig und akzeptabel sind, dann heißt das eben auch, dass wir in der Frage der CO_2-Emission drastisch vorangehen müssen. Dann heißt es auch, dass wir den Entwicklungsländern helfen müssen bei der Anpassung und auch beim Zugang zu erneuerbaren Energien. Das tun wir. Dies muss ausgeweitet werden, aber es ist eine Orientierung, die in die richtige Richtung geht.

Was die politische Gestaltung der Globalisierung angeht, habe ich die Hoffnung, dass wir – jedenfalls mit einem neuen amerikanischen Präsidenten – den Multilateralismus stärken können und dass die Stärke des Rechts dann auch in den Vordergrund gelangt. Dazu gehören aber auch viele andere Fragen, auch was die Finanzierung anlangt. Wir können über Ungerechtigkeit richten und sie zu Recht kritisieren, aber wir müssen auch dazu beitragen, dass die Finanzmittel mobilisiert werden, um Abhilfe zu schaffen. Wer weiß, dass Ende dieses Monats November 2008 in Doha die Konferenz Financing for Development stattfindet? Da geht es darum, dass wir alle unsere Verpflichtungen zur Steigerung der Entwicklungszusammenarbeit einhalten.

Dazu will ich ausdrücklich sagen: Wenn es möglich ist, dass innerhalb kürzester Zeit dreistellige Milliardensummen mobilisiert werden, um das Bankensystem zu retten, dann muss es doch auch möglich sein, die Summen zu mobilisieren, um die Welt vor Hunger, Armut und vor Tod zu retten. Das muss möglich sein und das sollten wir verlangen.

Dazu gibt es eine Reihe von Finanzierungsinstrumenten. Es ist nicht so, dass ich hier für meinen Etat bitte. Das soll sich niemand so einfach vorstellen, sondern es geht ja um unsere internationalen Verpflichtungen. Es geht um unsere eigenen Zusagen. Es geht um die Nutzung der CO_2-Emissionszertifikate in der Frage der Verhinderung des Gegenarbeitens gegen den Klimawandel. Es geht darum, der Steuerflucht entgegen zu wirken, und zwar sowohl in den Entwicklungsländern, als auch bei uns. Das ist heute notwendiger denn je. Ich sage das folgende als Sozialdemokratin, „links und frei", wie Willy Brandt das gesagt hat: Ich bin auch dafür, dass wir neu diskutieren, ob wir zur Finanzierung von möglichen künftigen Rettungsplänen, was die Banken anlangt, nicht doch so etwas wie eine Devisentransaktionssteuer in Gang setzen sollten, damit die Rettung von Banken nicht eine Frage der öffentlichen Hand ist, sondern auch eine des Bankensystems selbst. Dabei könnten wir auch gleich einen Teil der Mittel für Official Development Assistance generieren, die meines Erachtens dringend notwendig sind, um die Armut generell bekämpfen zu können.

Zum Schluss würde ich gern noch etwas zitieren. Ich zitiere eigentlich selten, auch selten ausführlich, aber dies ist so bewegend und hat uns alle beschäftigt und es verstärkt noch einmal das, was Sie angesprochen haben, nämlich was sich mit der Ungerechtigkeit verbindet. Und zwar hat Gordon Brown in seiner viel beachteten Rede vor der UN-Generalversammlung am 25. September 2008, als die UN-Millenniumsziele bewertet worden sind, Folgendes gesagt:

„In Ruanda erinnert ein Museum an die Tausenden von Menschen, die starben, während die Welt tatenlos zusah. Dort hängt das Foto eines kleinen Jungen, der zu Tode gefoltert wurde. Auf dem Schild neben seinem Foto ist Folgendes zu lesen: Name: David, Alter: 10, Lieblingssport: Fußball, brachte Menschen gern zum Lachen, träumte davon, einmal Arzt zu werden. Seine letzten Worte: ‚Die Vereinten Nationen werden kommen und uns helfen'." Und Gordon Brown setzt fort: „Aber wir sind nicht gekommen. Selbst in der Stunde seines Todes glaubte dieses Kind an das Beste in uns. In der Realität bedeuten aber unsere Versprechen nichts. Heute, angesichts der Hungernöte, haben wir versprochen, dass wir, die Vereinten Nationen, den betroffenen Menschen zu Hilfe kommen wollen. Aber während wir noch warten, verhungern diese Menschen. Angesichts der Armut in der Welt geben wir das Versprechen ab, dass wir helfen werden, aber die Armen sterben, während wir abwarten. Wir sehen die Gefahr, dass wir die Millenniumsziele nicht erreichen. Wir sagen erneut, dass wir einschreiten werden. Dennoch sterben viele Menschen, während wir noch zögern. Und ich glaube, dass unser größter Feind nicht der Krieg, Ungleichheit oder unbestimmte Ideologien oder die Finanzkrise ist. Unser größter Feind ist ein Übermaß an Gleichgültigkeit, Gleichgültigkeit angesichts erschütternder Armut, Gleichgültigkeit angesichts der katastrophalen Bedrohungen unseres Planeten, ein gleichgültiges Vorbeigehen und Ignorieren des menschlichen Leids, das zur Gewohnheit geworden ist, wie Elli Wiesel es formulierte: ‚Gleichgültigkeit gegenüber menschlichem Leid nimmt den Menschen die Menschlichkeit'."

Ich möchte abschließend sagen, wir müssen dazu beitragen – und die Konferenz heute trägt hoffentlich auch dazu bei –, dass wir nicht nur bei solchen Veranstaltungen über Fragen der Armut und des Hungers diskutieren, sondern dass wir bei einer solchen Konferenz überlegen, wie wir dazu beitragen, dass die Gerechtigkeit verwirklicht und die Armut verhindert wird. Dafür möchten wir uns engagieren.

Philosophy meets Politics –
Gerechtigkeit in der Einen Welt
Podiumsgespräch

Wolfgang Thierse
Zu den Referenten sind Professor Julian Nida-Rümelin und Professor Gert Weißkirchen hinzugekommen, der eine Philosoph und politischer Theoretiker, der andere politischer Praktiker und Chefaußenpolitiker der SPD-Bundestagsfraktion.

Julian Nida-Rümelin, zunächst an dich die Frage: Heidemarie Wieczorek-Zeul hat mit einer kleinen Bemerkung begonnen: „so viele Katastrophen und so wenig Empörung". Wie ist das mit den Gerechtigkeitsdiskursen unter den Philosophen und Theoretikern in Deutschland und Europa? Spielt das, was uns Pogge vorgeführt hat – Gerechtigkeit geradezu dramatisch in einem internationalen Zusammenhang zu buchstabieren, dazu Aussagen zu treffen und darin eben auch Gerechtigkeit zu definieren –, in den philosophisch-theoretischen Debatten und Definitionsbemühungen zu Hause, in Europa und in Deutschland eine vergleichbare Rolle oder gibt es da andere Akzente?

Julian Nida-Rümelin
Die Diskussionsverläufe sind durchaus unterschiedlich. Die Gemeinsamkeit ist, dass sich die Philosophie diesseits und jenseits des Atlantiks jetzt seit rund 30 Jahren wieder ganz konkreten Fragen widmet. Stärker als das je zuvor der Fall war. Ich habe sogar den Eindruck, in den USA ist dies noch stärker abgerissen. *John Rawls* war die große Wende, weil es in Europa, vor allem in Frankreich, Deutschland und Italien, eine staatsphilosophische Tradition gibt, die nicht ganz abgerissen ist, also die Auseinandersetzung mit Institutionen. Und das, was mich immer so beschäftigt hat, ist: Wenn man praktische Philosophie ernst nimmt, dann geht es am Ende auch um politische Entscheidungen. Natürlich können die Philosophen nicht politisch entscheiden. Aber wenn das, was dort diskutiert wird, nicht aufgenommen, zur Kenntnis genommen wird und unter Umständen in der politischen Praxis zurückgewiesen wird – dann ist das am Ende unbefriedigend. Das war mit ein Grund, warum wir diese Reihe „philosophy meets politics" hier vor 10 Jahren überhaupt ins Leben gerufen haben.

Mein Wunsch wäre – da sind Sie, Herr Pogge, gewissermaßen ein bisschen in einer Schlüsselrolle, da Sie eben auch deutscher Herkunft sind –, dass man auch jenseits des Atlantik sieht, wie intensiv bestimmte Diskussionen verlaufen, wenn auch mit anderen Akzenten. Zum Beispiel spielt die Frage der Rolle des Staates für französische, für deutsche und italienische Intellektuelle und Philosophen eine größere Rolle als in den USA.

Wolfgang Thierse
Ist das tatsächlich die einzig wirkliche Differenz, das Verhältnis zum Staat? Ich will es noch genauer hören. Es kann an meiner Unbedarftheit liegen, dass ich nicht den Eindruck habe, dass die deutschen philosophisch-theoretischen Debatten in gleichem Maße einen solchen internationalistischen Zug haben.

Julian Nida-Rümelin
Also, es gibt einen interessanten, auch kulturellen Unterschied. Das ist bis heute die Nachwirkung des amerikanischen Pragmatismus. Das war ein wunderbarer Vortrag heute, der diese Orientierung gewissermaßen noch einmal illustriert hat: Wenn ihr Gerechtigkeitskriterien entwickelt, dann sagt doch ganz konkret, was heißt das zum Beispiel bezogen auf die Millenniumsziele oder auf ähnliches. Diese stärker pragmatische Ausrichtung ist jetzt nach einigen Jahrzehnten, in denen sie nachgelassen hatte, wieder sehr stark in die US-amerikanische Philosophie zurückgekehrt. Das ist bei uns noch nicht so charakteristisch. Allerdings immerhin, etwa im Bereich der Medizinethik und der Bioethik,kann man nicht sagen, dass in Deutschland alles hoch abstrakt und unkonkret sei. Also, auch dort gibt es unterdessen diese Traditionslinie.

Wolfgang Thierse
Professor Weißkirchen, Professor Pogge hat auch einen klaren Begriff der Menschenrechte vorgezeigt. Wie ist das in Deutschland und Europa? Werden da nicht Menschenrechte viel stärker hinsichtlich ihres politischen Gehaltes definiert und weniger als soziale Menschenrechte? Ist das ein erkennbarer Unterschied? Und wenn ja, woran liegt er? Macht das auch einen bestimmten Sinn, dass es da eine andere Akzentuierung gibt?

Gert Weißkirchen
Allemal, einfach deshalb, weil ja auch die Erklärung der Menschenrechte – das ist ja der Grundlagentext dessen, was wir hier debattieren – als Antwort auf den Nationalsozialismus entstanden ist, zu aller-

erst auf den Holocaust. Da kann man ja im Grunde genommen gar nicht an Hannah Arendts Diktum vorbeikommen, nämlich dass es auf das Recht ankommt, dass Menschen ein Recht auf Rechte haben. Dies wurde ja in der Zeit der Nazidiktatur dementiert. Insofern ist die Antwort von 1948, die Erklärung der Menschenrechte, eben eine Antwort auf jene Zeit der Diktatur hier in Deutschland. Insofern hat diese Erklärung zu allererst natürlich mit Freiheit und mit demokratischer und politischer Selbstbestimmung zu tun, dies kann auch gar nicht anders sein. Ich nehme nur einen Punkt heraus, der sogar in der deutschen Debatte umstritten ist, den Art. 23(1), da heißt es ganz schlicht: „Jedermann hat das Recht auf Arbeit." Wenn man derart einen Blick in die Erklärung der Menschenrechte nimmt, dann sieht man daran, auch zu jener Zeit, 1948, als die Konsequenzen aus einer Diktatur gezogen worden waren, wusste man, dass die politischen Rechte und die Freiheitsrechte mit sozialen Rechten und sogar mit dem ganz praktischen Recht auf Arbeit verknüpft werden müssen.

Wie das dann immer auch umgesetzt und durchgesetzt wird im politischen Kontext, da gibt es einen inneren Zusammenhang, ein Band, das die Freiheitsrechte mit – und jetzt kommen wir wieder zu dem Punkt – der Gerechtigkeit verknüpft.

Vielleicht, Wolfgang Thierse, darf ich noch eine Bemerkung zu der amerikanischen Gerechtigkeitsdebatte machen. Ich nehme einmal einen ganz anderen Autor, der auch kein US-Amerikaner, sondern ein Kanadier ist, *Charles Taylor*. Das ist wohl einer der prägnantesten Brückenbauer zwischen Amerika und der europäischen Denktradition. Er hat nicht nur ein wunderbares Buch über Schillers Ästhetik geschrieben, sondern hat natürlich auch ganz besonders die deutsche Soziologie sowie die deutsche Philosophie von Hegel für sich selber entdeckt und in die nordamerikanische Debatte einbezogen. Also, es gibt diese Brückenbauer zwischen den Kontinenten, über den Atlantik hinweg, übrigens auch beiderseits.

Nehmen wir einmal Jürgen Habermas. Er kann gar nicht gedacht werden ohne die amerikanische Debatte – von John Dewey beginnend und über viele andere Philosophen hinweg. Oder nehmen wir jemanden, der ja mit John Rawls in einer bestimmten Weise – außer Ihnen, Herr Pogge, natürlich – auch verbunden ist, jemanden, der demokratischer Sozialist ist: Michael Walzer. Ohne ihn kann man über die verschiedenen Sphären der Gerechtigkeit gar nicht debattieren. Also, die Brückenbauer gibt es beiderseits des Atlantiks. Das ist das Erfreuliche.

Wolfgang Thierse

Nun kommen wir zu dem Stoff, um den es ja vor allem geht. Professor Pogge, Sie haben ja in dramatischen Zahlen die Gerechtigkeitsaufgaben geschildert und Veränderungen der Regeln und Ordnungen verlangt. Da muss man zunächst ganz schlicht fragen: Warum geschieht das nicht? Liegt es nur am bösen Willen der politisch Handelnden, an ihrer Ignoranz oder an ihrer Unfähigkeit? Woran liegt es? Wenn die Fakten von solch skandalöser Qualität sind, ist ja die moralische Verpflichtung – das haben Sie an einer Stelle auch gesagt – riesig. Warum passiert nichts? Oder – Heidemarie Wieczorek-Zeul hat ja gleich widersprochen – es passiert ja viel: Warum geht es so langsam? Liegt es am bösen Willen, an der Ignoranz oder an der Unfähigkeit? Was ist Ihre Erklärung?

Thomas Pogge

Am bösen Willen liegt es meines Erachtens nicht. Es liegt daran, dass die Anreize, denen Politiker unterliegen, eben Anreize sind, die mit den Interessen der Armen wenig zu tun haben. Die Politiker profitieren nicht davon, wenn sie sich bei einer oder zwei Milliarden armen Menschen in Afrika, in Asien usw. beliebt machen; jedenfalls nicht die Politiker der USA, die Politiker Deutschlands usw., auf die es bei den internationalen Regelungen ankommt. Ihnen geht es in erster Linie darum, sich bei den eigenen Bürgern beliebt zu machen und denen zu zeigen, dass sie ihre Interessen wirklich schlagkräftig vertreten. Das ist das Hauptmoment ihres Handelns.

Sie sagen sich nicht – so stelle ich es mir jedenfalls vor – „soll ich eine Milliarde Menschen verhungern lassen, um meine eigene politische Karriere ein bisschen voranzubringen", sondern sie denken einfach nicht daran, dass diese Regelung, die sie jetzt treffen, sich auf die Armen negativ auswirken wird. Sie sitzen in einem Konferenzraum, wo sie mit Amerikanern oder mit anderen großen Ländern und deren Verhandlungsmannschaften auskommen müssen und versuchen müssen, Regelungen zu finden. Und da sagt man eben, also, die Amerikaner wollen natürlich für ihre eigenen Industrien und eigenen Landwirte so viel wie möglich herausholen. Und die Europäer stemmen sich dem entgegen und sagen, nein, wir müssen auch sehen, dass für unsere eigenen Industrien etwas übrig bleibt und dass bei uns Arbeitsplätze gesichert werden.

Bei diesem Konkurrenzkampf zwischen den Starken bleiben die Schwachen auf der Strecke. Es wird gar nicht auf sie geachtet. Ich glaube, dies ist ein Riesenunterschied zum Naziregime. Ich hatte ja diesen Vergleich im Vortrag drin, dass in beiden Fällen sehr viele Menschen ums Leben kommen, aber beim Naziregime war das eben Intention. Die sollten ja umgebracht werden. Man wollte sie loswerden. Dies gibt es, glaube ich, im heutigen System überhaupt nicht, aber keiner denkt wirklich genug über die Armen nach und darüber, wie sich Regelungen auf die Armen auswirken. Das müsste geändert werden. Es müsste bei solchen Verhandlungen irgendjemand am Tisch sitzen, der sagt, „so und so wird sich das auf die Armen auswirken. Wenn ihr diese Regelung annehmt, dann werden die Nahrungsmittelpreise steigen und es wird dazu kommen, dass mehr Leute an Hunger sterben. Wenn ihr das in Kauf nehmen wollt, schön, aber das sind die Fakten. Darüber müsst ihr euch klar sein". Dies fehlt derzeit bei solchen internationalen Verhandlungen.

Wolfgang Thierse
Heidemarie Wieczorek-Zeul, liegt es tatsächlich am mangelnden Problembewusstsein der internationalen politischen Akteure und gewissermaßen am Prinzip, „das eigene Land ist immer näher als die ferne elende Welt"? Ist das so?

Heidemarie Wieczorek-Zeul
Na ja, das hängt natürlich mit der Tatsache zusammen, dass wir zwar in allen Bereichen global auf das Engste vernetzt sind, es aber so etwas wie eine wirklich globale Öffentlichkeit nur bei bestimmten Anlässen gibt. Ich bin immer dankbar und sage das auch an die Adresse aller, die hier sind oder mit denen wir sonst zusammenarbeiten: Nichtregierungsorganisationen leisten da eine wirklich ganz hervorragende Arbeit, insofern, als sie Öffentlichkeit schaffen, zum Beispiel bei der Konferenz in Accra[1] oder in drei Wochen in Doha[2] oder auch bei der UN-Generalversammlung. Sie tragen mit dazu bei, dass das, was sonst im Expertenzirkel diskutiert wird, was sich der nationalen Legitimation, der Wahl der Bürgerinnen und Bürger entzieht, zum Thema gemacht wird. Das ist meines Erachtens wirklich eine zentrale Frage: Wenn wir etwas ändern wollen, müssen wir in diesen Fragen globale Öffentlichkeit schaffen!

Das haben wir ja bereits in einer Reihe von Fragen geschafft, es muss aber noch besser organisiert werden. Die Entschuldungsinitiative für die hochverschuldeten ärmsten Entwicklungsländer hat dazu bei-

---

1 United Nations Conference on Trade and Development, Accra (Ghana), 24.–26. April 2008.
2 International Conference on Financing for Development, Doha (Katar) 29. November – 2. Dezember 2008.

getragen, dass 29 Millionen Kinder mehr in Afrika in die Schule gehen können. Es war eine große Gemeinschaftsaktion, die jetzt noch ihre Auswirkungen hat, zwischen kirchlichen Nichtregierungsorganisationen und den Regierungen, auch unserer, die da vorangehen wollten. Wir hatten eine solche Aktion beim globalen Fond. Wir setzen sie in einer Reihe von Fragen fort, aber es muss noch besser organisiert werden, natürlich vor allem neu bezogen auf die Frage von Regulierung im Finanzbereich und noch stärker – und da ist es widersprüchlicher – in Bezug auf die Frage der Welthandelsorganisation. In jedem Fall bin ich dafür, dass man sich zwei, drei derartiger Ziele setzt. Eines der praktischen Ziele bei der WTO wäre jetzt die Verkoppelung des so genannten *Single Undertaking*. Denn alles ist mit allem verkoppelt. Es hat Folgen, dass die Industrieländer ihren Ausgleich wollen bei den Industrieprodukten und die Amerikaner nicht von ihren heimischen Subventionen für die Baumwolle lassen wollen. Auch mangelnde Marktöffnungen der Industrieländer können schwächeren Strukturen schaden oder sie belasten.

Ich bin dafür, dass man da wenigstens mal so etwas wie eine frühe Entscheidung trifft. Das wäre es doch wirklich wert, dass man sich engagiert, einmal, dass die Hilfe, die in dem Bereich zugesagt ist, wirklich kommen muss, damit überhaupt davon Gebrauch gemacht werden kann. Es muss den freien Zugang für die ärmsten Entwicklungsländer, für alle in alle Industrieländer geben. Und es muss drittens auch ein Ende der Agrarexportsubventionen geben, und zwar bevor alle anderen Fragen verwirklicht sind. Sonst kommt das andere nie zustande. Man braucht also immer solche praktischen gemeinsamen Aktionen, damit wir uns auch hörbar, fühlbar machen und damit wir etwas in der Wirklichkeit verändern.

Julian Nida-Rümelin
Ich würde da gerne unmittelbar anschließen, allerdings mit einer jetzt philosophischen Perspektive, wie es ja auch meiner Rolle entspricht. Wir haben zwei Philosophen und zwei Politiker hier auf dem Podium. Ich wende mich indirekt auch noch mal an Herrn Pogge.

Thomas Pogge hat ein viel gelesenes Buch geschrieben, *„Realizing Rawls"*. Dort hat er die Grundidee verfolgt, dass man dieses Konzept der politischen Gerechtigkeit, für das Rawls steht, nämlich dass wir Politik oder Demokratie als ein kooperatives Unterfangen verstehen. Dass wir die Regeln dieser Form von Kooperation so fair gestalten sollen, dass man diesen Regeln zustimmen kann, auch wenn man nicht weiß, welche eigenen Interessen man hat – um es ganz grob zu sagen, wenn man nicht weiß, ob man Männlein oder Weiblein ist, wie alt, wie krank oder gesund man ist, welche Ausstattung der Natur man mitbringt usw.

Pogge ist viel dafür kritisiert worden, er und Charles Beitz zusammen, übrigens auch von dem Urheber dieser Theorie, nämlich von John Rawls selbst, der dann dem ein Konzept entgegensetzte, was – *law of people* – so aussieht: Es sind Staaten oder *peoples*, wie er sagt, Völker, die politisch verfasst sind, aber nicht ethnisch, die miteinander aushandeln müssen, wie sie die Welt gestalten. Wir sollten uns darauf beschränken, weil sich dieses Kooperationsmodell nicht internationalisieren lässt – so vergröbert die Argumentation, das ist eine sehr grundlegende Frage.

Ich spitze das zu: Wann, wenn nicht jetzt, ist es Zeit für eine wirklich genuin kosmopolitische Perspektive? Kosmopolitisch heißt, dass wir uns nicht nur als Bürger der Stadt und des Nationalstaates und vielleicht der EU verstehen – letzteres war ja schon schwierig genug; im Verfassungsvertrag ist schon länger, seit Maastricht die Rede von der EU-Bürgerschaft, *Citizen-Ship*, aber so ganz hat sich das, wie wir uns das vorgestellt haben, noch nicht konkretisiert: sondern eben außerdem auf einer Ebene der globalen Bürgerschaft, Bürgerinnen und Bürger dieses Globus zu sein und damit jetzt eine Perspektive einzunehmen, die globale Institutionen einer öffentlichen Rechtfertigungspflicht unterwirft. Diese Situation haben wir derzeit nicht. Wir haben Einzelverhandlungen zunächst einmal zwischen Staaten, WTO usw., die unter weitgehendem Ausschluss der öffentlichen Beobachtung, der öffentlichen Kritik und der politischen Begleitung im Sinne von zentralen Elementen von Wahlprogrammen usw. laufen.

Deswegen würde mich jetzt – sowohl von der Politik her wie von philosophischer Seite – interessieren: Herr Pogge, das ist eine eigene Detaildiskussion, aber Ihr Fokus hat sich im Laufe der Jahre ein wenig verschoben. Ich kritisiere das nicht. Das ist sicher auch gut pragmatisch begründet gewesen. Sie gehen jetzt auf die Menschenrechte und Mindestbedingungen eines guten Lebens ein. Und es ist ein Skandal, dass wir teilhaben an internationalen Praktiken, die diese Mindestbedingungen nicht erfüllen oder dazu beitragen, dass sie nicht erfüllt werden. In dieser Hinsicht würde ich jetzt den Akzent darauf legen, zurück zur Grundidee der großen globalen Kooperation, aktuell auch hinsichtlich der Finanzkrise. Wir sind auch Bürgerinnen und Bürger dieser globalen Gemeinschaft. Wir sind in einem Kooperationsgefüge und nicht lediglich Marktteilnehmer. Das fordert uns politisch und auch ethisch heraus.

Wolfgang Thierse

Um die Frage sofort aufzunehmen: Was ist notwendig, dass eine solche kosmopolitische Grundüberzeugung die Bürger in den reichen Teilen der Welt, aber auch in den anderen, und die politisch Handelnden bestimmt? Ich stelle sofort eine Unterfrage, weil ich glaube, dass das eine Rolle spielt: In der Wahrnehmung vieler Bürger, wenn sie die Probleme der Welt, zumal im Süden sehen, schiebt sich immer Scheitern, Elend, Diktaturen, Gewalt in den Vordergrund. Beispiel der Kongo.

Gehört nicht dazu, dass man die wirklichen Erfolgsgeschichten erzählt, die Geschichten, dass der Erfolg anderswo mit dem, was ich tue, zusammenhängt und mein Erfolg, mein Wohlbefinden damit zusammenhängt, dass sich dort etwas tut? Also, das ist die Frage an Thomas Pogge und Gert Weißkirchen: Was ist zu tun, damit sich diese kosmopolitische Grundüberzeugung ausbreitet und dass man auch einen positiven und nicht nur einen negativen Zusammenhang mit den anderen Teilen der Welt wahrnimmt?

Thomas Pogge

Was gebraucht wird, darauf hat Frau Wieczorek-Zeul sehr richtig hingewiesen, ist ein Problembewusstsein, dass wir die Öffentlichkeit mobilisieren. Die Politiker hängen im Grunde genommen von der Öffentlichkeit ab. Und es ist sehr schwierig für jemanden, der noch so guten Willen hat, wie Sie das sicherlich haben, in der Politik effektiv zu sein, wenn man nicht Rückhalt aus der Bevölkerung hat.

Da ist bei der Bevölkerung das Problem, dass viele in Deutschland und in Amerika schon so ungefähr Bescheid wissen, was in den Entwicklungsländern passiert. Sie wissen, da gibt es viel Armut usw., aber sie sagen, um Gottes Willen, wenn ich da jetzt weiter darüber nachdenke und mir Gedanken mache, komme ich möglicherweise zu dem Schluss, dass wir moralisch dort viel mehr tun müssten. Und das könnte uns teuer zu stehen kommen.

Ich glaube, diese Schallmauer muss man durchbrechen. Man muss versuchen den Leuten zu zeigen, das ist gar nicht so wahnsinnig teuer. Wir könnten relativ einfach die Armut abschaffen, zumindest die bittere Armut, die Leute vorzeitig ums Leben bringt, die zu Kindersterblichkeit, zu Müttersterblichkeit usw. führt. Diese ganz elende Armut lässt sich einfach abschaffen, und zwar relativ billig. Das wissen die meisten Leute nicht. Deswegen haben sie ein bisschen Angst vor dem Thema. Sie wollen sich mit dem Thema nicht konfrontiert sehen, weil sie sagen, das wäre einfach zu teuer. Das „liebe Ich" überwindet sozusagen den moralischen Gedanken. Wenn wir das der Öffentlichkeit klarmachen könnten, wären wir weiter.

Wolfgang Thierse

Darf ich eine kleine Zwischenfrage stellen? Ich unterstelle, in Deutschland gibt es eine ganze Menge gutwilliger Leute, die seit Jahrzehnten bereit sind und es auch getan haben, für Entwicklungshilfeprojekte zu spenden, sich zu engagieren. Da gibt es bei ganz vielen eine positive Grundstimmung. Aber sie haben immerfort mit der Erfahrung zu tun, die Ergebnisse sind so niederschmetternd gering. Und deswegen reite ich so darauf herum: Welche Erfolgsgeschichte kann man erzählen und wie kann man erklären, dass trotz dieser Erfahrungen die Weltarmut doch mit ziemlich wenig Geld zu überwinden ist? Zunächst einmal glauben das die meisten Leute nicht mehr nach den Erfahrungen der letzten 30 Jahre. Ich übertreibe jetzt, aber es ist meine Wahrnehmung.

Heidemarie Wieczorek-Zeul

Es gibt wunderbare Erfolgsgeschichten, die wir auch erzählen. Ghana habe ich vorhin genannt. Das ist ein Land, das wahrscheinlich seine Millenniumsziele vor der Zeit erreichen kann – wenn es jetzt nicht Opfer der Finanzkrise wird. Es gibt drei Millionen Menschen, die heute durch die Behandlung mit AIDS-Präparaten leben könnten. Es gibt Länder wie Tansania, wo praktisch die Kindersterblichkeit zu zwei Dritteln dadurch reduziert worden ist, dass Malaria-Netze zur Verfügung gestellt worden sind. Also, es gibt die wirklich tollen Beispiele.

Die Schwierigkeit liegt darin – das ist jetzt eine medienkritische Bemerkung –, wenn Sie jetzt abends die Nachrichten sehen, sehen Sie eben nicht nur gute Nachrichten, sondern es sind vor allem immer die Katastrophen, die Kriege oder die Gewaltaktionen. Davon werden die guten Nachrichten auch ein Stück überdeckt. Ich bin überzeugt, der Friede gibt eben nur schwer die Bilder, damit Leute sehen, es lohnt sich, sich zu engagieren. Dass dies anders wird, daran müssen wir immer arbeiten.

20 US-Dollar, Sie haben völlig recht, pro Kopf der Bevölkerung pro Jahr würden ausreichen, die Armutsbekämpfungsziele zu verwirklichen. Weltweit wird zehnmal so viel für Rüstung ausgegeben. Wir könnten da schon die Relationen ändern. Dazu braucht man eben auch mehr Leute wie Sie Herr Pooge. Es gibt nach wie vor auch in diesem Bereich noch Leute, die diesen unsäglichen alten Konzepten nachhängen. Die reden noch vom Afrika der neunziger Jahre. In Deutschland jedenfalls gibt es keine kontinuierliche Berichterstattung über solche Strukturfragen. Die gibt es eher in Frankreich, in den USA, in Großbritannien. Wer das sehen will, der guckt BBC World. Wir brauchen da eine andere Form von Öffentlichkeit.

Das entschuldigt nichts, wir müssen dafür auch arbeiten, aber in diese Richtung muss es meines Erachtens gehen.

Gert Weißkirchen
Ich kann dem nur zustimmen, was Heidi eben gesagt hat, und möchte es gerne ergänzen.

Ich glaube, dass jetzt eine Chance gekommen ist, gerade in Hinblick darauf, eine neue Antwort auf die internationale Finanzkrise zu finden. In der Tat geht es nun um ein *Reshaping*, darum, beispielsweise bei den internationalen Finanzinstitutionen zu einer grundsätzlichen Neubestimmung zu kommen. Wenn das geschähe, dann würde zum Beispiel das Mitsagen, das Mithaben und das Mitentscheiden von Ländern aus der sich entwickelnden Welt dazu beitragen, dass ein erheblicher Anteil von Hunger und Armut in der Welt in der Tat bekämpft werden könnte.

Deswegen, liebe Heidi, ist es mit unsere, die Aufgabe der politischen Klasse, jetzt diese Finanzkrise nicht einfach vorbeigehen zu lassen, sondern die systemischen neuen Antworten zu geben auf das groteske Missverhältnis zwischen der Entwicklung von Finanz- und Produktivkapital. Beides hat sich in den letzten Jahren durch die Deregulierung in einer obszönen Weise voneinander abgekoppelt. Um das Sechzigfache hat das Finanzkapital gegenüber dem Produktionskapital an Bedeutung gewonnen. Das ist doch absurd, was da geschehen ist. Das hat geradezu diesen Zusammenbruch herausgefordert, den wir jetzt erleben. Nutzen wir ihn, dann können wir, wenn er zu einer systemischen Veränderung führt, den Menschen viel mehr helfen. Aber die Krise verlangt auch den Mut der Politik, neue Antworten auf sie zu geben.

Wolfgang Thierse
Auf die Risiken und Chancen kommen wir gleich. Ich will vorher noch einmal im Sinne dessen, worauf ich herumreite: positiven Zusammenhang und nicht nur negativen in der Welt herstellen, fragen. In diesem Zusammenhang interessiert mich, Herr Pogge, doch ausdrücklich, warum Sie so kritisch mit den Millenniumszielen umgegangen sind. Da war ja eine Differenz zu unserer Ministerin, die eher positiv auf sie reagiert und sagt „da ist ein großer Schritt erreicht worden", wie auch immer die Verwirklichung dieser Ziele in den nächsten Jahren dann aussehen wird. Also, das Motiv Ihrer Kritik will ich noch einmal genauer hören.

Thomas Pogge
Das passt sehr gut zu diesen Bemerkungen. Ich glaube, da gibt es eine kleine Differenz zwischen Ihnen beiden, wenn man das Positive betont. Das wird oft gemacht, Politiker sprechen davon oft und geben 45 anekdotenhafte Beispiele, hier ist was passiert und da ist ein Wurm in Afrika ausgerottet worden. Dann gibt es hier noch mal eine gute Nachricht usw., das ist alles sehr gut, aber das führt oft dazu, dass die Hörer dann sagen: „Na ja, es wird ja schon alles getan. Ich brauche mich ja nicht mehr zu kümmern."

Wolfgang Thierse
Da widerspreche ich Ihnen. Mein mehrheitlicher Eindruck ist ja doch: Es hat alles keinen Zweck. Kongo nehmen wir wahr, Ghana nehmen wir nicht wahr – schönes Beispiel.

Thomas Pogge
Aber Herr Thierse, man muss versuchen subtil zwei oder drei Gedanken gleichzeitig im Kopf zu haben. Ihr Gedanke ist ganz richtig. Es ist ganz wichtig, den Leuten zu sagen, es gibt positive Beispiele. Die Entwicklungshilfe ist nicht, wie man das im Englischen so schön sagt, *water down a rat hole*, wo das Wasser in einem Loch versinkt und da kommt nie etwas bei raus. Das ist ganz wichtig den Leuten klarzumachen, es kann etwas getan werden.

Aber es ist auch ganz wichtig zu sagen: Wir müssen systemisch etwas tun. Wir können uns nicht mit einem System abfinden, das die Armut ständig verstärkt. Und dann haben wir hundert kleine Heftpflaster, mit denen wir sozusagen gegen den Wind pinkeln und versuchen, die systemischen Kräfte zu überwinden oder zumindest dagegen zu arbeiten. Wir müssen versuchen das systemisch zu verändern. In dieser Hinsicht haben wir sehr, sehr wenig erreicht.

Sie haben sehr recht mit der Finanzkrise. Mit der Finanzkrise und der Wahl von Obama haben wir jetzt eine Jahrhundertchance, auch die Amerikaner von ihren Stühlen hochzukriegen und sie für eine systemische Veränderung auf Weltebene zu begeistern. Diese Chance dürfen wir nicht verpassen.

Wolfgang Thierse
Aber ich will doch noch einmal von Ihnen hören, warum Sie so kritisch mit den Millenniumszielen umgegangen sind. Das ist nicht die Differenz zwischen uns. Systematische Fragen interessieren am Schluss immer mehr. Die Chance müssen wir nutzen. Aber es war und ist ja ein

Versuch, auch systemisch etwas zu ändern. Millenniumsversuche sind ja nicht die Pflästerchen und die sind auch nicht gemeint.

Thomas Pogge

Mein Problem ist eben: Die Millenniumsziele wurden ja hart umkämpft. Man hat beim Millenniumsgipfel, beim Welternährungsgipfel in Rom diese Ziele so verabschiedet. Und dann sind sie zweimal ganz stark verwässert worden. Diese Verwässerung ist ein wichtiger Punkt, um der Öffentlichkeit zu zeigen: Ihr könnt nicht einfach abschalten. Ihr könnt nicht einfach sagen, unsere Politiker haben hier ganz fantastisch diese Jahrtausendziele beschlossen, ich brauche mich jetzt nicht mehr zu kümmern, die geben ja schon meine ganzen Steuergelder nach Afrika, die Politiker machen das schon.

Demgegenüber will ich eben sagen: Wenn Sie sich genau ansehen, was mit den Jahrtausendzielen da passiert ist, dann ist da Betrug passiert. Es ist uns gesagt worden, „wir halbieren die Armut". Und dann haben die Leute sich gesagt „ah, das ist ein bisschen teuer, diese Halbierung kann man auch anders interpretieren". Sie haben das mehrere Male uminterpretiert. Dann wurde die Armutsgrenze nach unten gesetzt usw. Natürlich ist es ganz wichtig, dass das kleine Bisschen, das jetzt noch übrig ist, auch durchgesetzt wird – ganz klar. Insofern bin ich mit Ihnen völlig einer Meinung, dass wir die Füße der Leute, der Politiker – wie man auf Englisch sagt – ans Feuer halten, damit zumindest das, was noch da ist, verwirklicht wird.

Aber man muss eben wiederum mehrere Gedanken zusammenhalten. Einmal sagen: Die Millenniumsziele, wie sie jetzt sind, müssen unbedingt erreicht werden. Und andererseits noch dazu sagen: Übrigens sind sie stark verwässert worden. Und von dem, was zum Welternährungsgipfel in Rom einst verabschiedet worden ist, ist jetzt nichts mehr übrig, wenn man sieht, was die Buchhalter bei der UN aus den Millenniumszielen gemacht haben.

Ich glaube, beide Gedanken sind wichtig. Man darf nicht den einen für den anderen opfern.

Heidemarie Wieczorek-Zeul

Auch da ist es notwendig, dass man drei oder vier Sachen parallel macht, diskutiert und auch umsetzt.

Aber noch einmal mit der Praxis konfrontiert: Im Frühjahr diesen Jahres gab es breite Diskussionen in der Öffentlichkeit. Der Finanzminister hatte drei Minister und die Entwicklungsministerin vorgeführt, wir hätten zu abenteuerlich hohe Anforderungen an den Haushalt des Entwicklungsministeriums gestellt. Ich bin wochenlang vorgeführt worden, dass ich unmäßige Forderungen gestellt habe. In solchen Fragen ist es eben aber auch wichtig, dass dagegen argumentiert und gesagt wird, die Millenniumsziele brauchen die Finanzierung. Denn da nutzt mir die Differenzierung, dass die alle vielleicht noch verwässert worden sind oder so, vergleichsweise wenig. Man braucht in der Frage hartes Gegenhalten. Im Haushalt werde ich das jetzt im Übrigen auch durchsetzen, das Engagement geht ja weiter. Wenn es einseitige Formen der Öffentlichkeit in den Fragen gibt, dann ist das für das Bewusstsein, für die Willensbildung, für die globale Öffentlichkeit nicht gut.

Dann will ich noch einmal sagen, ich habe nichts gegen die großen Visionen, im Gegenteil, aber ich bin auch dafür, dass man in der Praxis diese Visionen schrittweise möglichst versucht zu erreichen, übrigens auch systemisch. Die Veränderung, die wir in der Weltbank bewirkt haben, ist eine dramatische Veränderung. Vielleicht ist das den wenigsten präsent. 1998 hatten wir eine Weltbank und den IWF vorgefunden, die Strukturanpassungsprogramme aus den Haushalten, auch aus unserem Haushalt des Entwicklungsministeriums, den Entwicklungsländern auferlegt haben, damit sie praktisch noch ärmer werden. Die mussten den Haushalt sanieren und dafür Bildung und Gesundheit streichen. Das ist mit Mitteln der Entwicklungspolitik finanziert worden. Das heißt, da sind die Armen noch ärmer gemacht worden.

Was wir damals bei der Entschuldung, übrigens damals mit Gordon Brown zusammen, der ärmsten hochverschuldeten Entwicklungsländer gemacht haben, ist, dass wir diese Strukturanpassungsprogramme abgeschafft und die Orientierung auf Armutsbekämpfung gelenkt haben. Das ist – so finde ich – eine systemische Veränderung, der andere folgen müssen, und zwar insofern, als es eine stärkere Repräsentation auch der Entwicklungsländer in diesen Gremien der Weltbank und des IWF geben muss. Da sind wir ja dran. Zu dem Punkt kommen wir noch. Aber ich möchte einfach sagen: Vor allem braucht es immer Kraft. Und Sie dürfen nicht glauben, dass jetzt alle Entwicklungsländer in die gleiche Richtung arbeiten würden. Es war ein Bündnis in der Weltbank aus europäischen Entwicklungsministern und -ministerinnen und aus den ärmsten Ländern. Die Schwellenländer waren im Grunde gegen so einen Schuldenerlass und eine solche Veränderung. Also, man hat auch manchmal vielleicht illusionäre Vorstellungen davon, welche Partner man in den Fragen hat.

Ich will damit nur sagen: Solche Fortschritte darf man, weil sie eben Riesenfortschritte sind, auch nicht kleinschreiben. Das dürfen auch die Philosophen nicht kleinschreiben.

Wolfgang Thierse

Damit kommen wir nun, wie es sich gehört, zu diesem großen Stichwort Risiken und Chancen der Finanzmarktkrise, den Hoffnungen, die sich mit der Wahl von Obama verbinden. Wir sind uns sicher darüber einig, dass wir weit über die Notoperation zur Rettung des Bankensystems hinausgehen müssen. Welche sind die systemischen Fragen, die gestellt werden müssen? Was wären Elemente, um es groß zu nennen, eines *global New Deal*, der die richtigen Konsequenzen aus der Finanzmarktkrise und damit verbundenen möglichen anderen Krisen zieht?

Julian Nida-Rümelin

Wir sind damit ja noch einmal auf die kosmopolitische Perspektive zurückgekommen. Das hängt eng mit der Frage „systemische Strategien oder systemische Veränderungen" zusammen. Da sind wir uns ja erst mal einig. Aber dann – muss man sehen – gibt es eben ganz unterschiedliche Grundmodelle, die es in der Realität nicht in Reinform gibt, aber die sich gegenüberstehen und welche die politische Praxis sehr stark prägen. Ich will drei Grundmodelle nennen. Und dann muss man sich irgendwann überlegen, in welche Richtung gehen wir.

Wir haben weltweit auf der einen Seite das in den angelsächsischen Ländern, vor allem in den USA, realisierte Modell. Das setzt weitgehend auf die Markteffizienz. Der Markt soll mit möglichst wenig Staatsintervention effizient funktionieren, vor allem soll das Kapital nicht im Staatsbesitz sein. Bei den Ungleichheiten, die dadurch entstehen – nach oben ist es kein Problem, aber nach unten kann es ein Problem werden – muss man dann durch entsprechende Hilfsmaßnahmen eingreifen. Das sind gleiche Suffizienzkriterien, Mindestkriterien, ab wann muss der Staat agieren – *Medicate, Medicare* – das ist dann die äußere Form, in der das in den USA realisiert ist.

Das zweite Grundmodell ist das, was Frankreich und Deutschland gegenwärtig vor allem prägt, was die Probleme verursacht hat. Das beruht darauf, dass Kooperationsverhältnisse entstehen – Arbeitnehmer/Arbeitgeber, zwischen den Institutionen usw. – und dass aus diesen Kooperationsverhältnissen auch Ansprüche erwachsen, die man als jemand hat.

Das dritte Modell ist das skandinavische. Das ist das inklusivste. Jeder versteht sich als Bürgerin und Bürger mit sozialen Rechten und sozialen Pflichten. Das Ganze wird als bürgerschaftliche Ansprüche definiert. Mein Plädoyer wäre, dass man – philosophisch, aber auch politisch praktisch – dieses dritte, nennen wir es jetzt der Einfachheit halber das inklusive skandinavische Modell, zum Modell einer Weltordnung der Zukunft macht. Das heißt also, Inklusion und Kooperation als Basis. Diese entsteht ohnehin. Denn in kultureller, nicht nur finanz-wirtschaftlicher, sondern auch in ökonomischer und sozialer Hinsicht entstehen ja gegenwärtig die Verflechtungen. Es entstehen ja reale Kooperationsverhältnisse. Insofern entsteht *nolens volens* so etwas wie eine Abhängigkeit von dieser internationalen Ordnung. Und dem muss eben jetzt – nach der oder in der Finanzkrise – ein politisches Pendant an die Seite gestellt werden, das heißt, eine Strategie einer von einer globalen Öffentlichkeit begleiteten politischen Steuerung.

Das klingt jetzt sehr utopisch und vielleicht visionär, aber wenn man in die Vergangenheit schaut, das waren immer solche Visionen, die die praktische Politik angeleitet haben.

Thomas Pogge
Aus amerikanischer Perspektive und nach dem Wahlsieg von Obama: ich bin noch ganz enthusiastisch und bekomme das Lächeln kaum aus dem Gesicht:

Die amerikanische Ideologie, das Denken der Amerikaner, ist stark von so Leuten wie Adam Smith beeinflusst. Adam Smith hatte die Idee: Wenn jeder seinen Eigennutzen sucht, kommt dabei der Gesamtnut-zen heraus. Ein schönes Zitat von Smith ist: „Ich erwarte das schöne leckere Brötchen am Morgen nicht vom Altruismus meines Bäckers, dass der mich liebt und aus Liebe zu mir diese schönen Brötchen backt, sondern aus dem Eigennutzen. Der will bezahlt werden. Wenn wir alle ein System konstruieren, in dem die Leute ihren Eigennutzen suchen, dann kriegen wir dadurch, wenn wir ihnen das nur ermöglichen und erlauben, ein System, in dem jeder mit frischen Brötchen und allem anderen schön versorgt ist."

Nun sind da zwei Punkte an diesem System schwierig. Das erste ist, dass natürlich die Einkommensverteilung stimmen muss. Derjenige, der kein Geld hat, dem wird der Bäcker kein Brötchen geben. Wir haben in unserer Welt jetzt eine Einkommensverteilung, bei der mindestens die Hälfte zu arm ist, um vom Eigennutz der Reichen irgendwie zu profi-tieren. Für die wird keiner Medikamente herstellen. Für die wird keiner Essen herstellen usw. Das ist das erste Problem.

Das zweite Problem ist, dass ein solches System nur dann funkti-onieren kann, wenn es bestimmten Regeln unterliegt. Diese Regeln werden aber sehr leicht selber zum Kampfpunkt.

Also diejenigen Reichen, die von bestimmten Regeln möglicher-weise wenig profitieren, aber davon profitieren könnten, wenn diese geändert würden, werden jetzt versuchen, auf die Regeln selber wie-der Einfluss zu nehmen. Und zu einem Grad, den Sie sich in Europa überhaupt nicht vorstellen können, ist in Amerika die Politik käuflich;

und zwar nicht illegal, dass da irgendwelche Umschläge mit Dollarnoten verteilt werden, sondern legal. Jeden Tag wird Politik legal verkauft und gekauft. Firmen haben jede Menge Lobbyisten, ganze Armeen von Lobbyisten in Washington, die Wahlkampfspenden, die *Political Action Committees* usw., die die Politik ganz offiziell mit Millionenbeträgen beeinflussen. Und natürlich muss derjenige, der gewählt und wiedergewählt werden will, dann auch das tun, wofür er bezahlt wird.

Es kann so sein, dass jemand, der ein Komitee-Vorsitzender im Kongress des amerikanischen Parlaments ist, 99 % seiner Wahlkampfspenden von außerhalb seines eigenen Distrikts bekommt. Der hat also irgendwo einen Distrikt, wo er gewählt und wiedergewählt wird. Und die Wähler spenden natürlich auch, aber sie spenden weniger als ein Prozent von dem Geld, mit dem er oder sie dann zur Wiederwahl antritt. Wir sehen, die Politik wird käuflich.

Auf internationaler Ebene passiert es genauso, dass sich die ganz großen Pharmaunternehmen, die großen *Microsofts* und Entertainmentfirmen die Politik kaufen. Da geht das sogar noch einfacher, weil die ganz große Mehrheit der Bürger an diesen außenpolitischen Fragen und an den Gestaltungsfragen der internationalen Ordnung wenig Interesse hat und wenig darüber weiß. Die Firmen, die dort ein riesiges Interesse haben, kommen dann hin und sagen, „wir möchten gerne diese oder jene Regelung".

Das *TRIPS-Agreement* geht eigentlich auf eine unheilige Koalition von vier Industrien zurück. Das sind die Softwareindustrie, die Entertainmentindustrie, die pharmazeutische Industrie und die Agrikulturindustrie. Diese vier Industrien haben gesagt, das müssen wir unbedingt durchsetzen. Wir müssen überall Patente haben, müssen überall abkassieren für unsere intellektuellen Innovationen. Und es gab keine wirklichen Gegeninteressen, obwohl es natürlich Milliarden von Menschen gibt, die von dieser Sache sehr stark betroffen sind. Aber die haben nicht genug Muskeln, nicht genug Dollars aufgebracht, um sich die Clinton-Administration, die ja käuflich war, für diese Fragen zu kaufen. Das ist der erste Punkt.

Wenn ich noch einen weiteren Punkt anfügen darf: Die Amerikaner haben den Anspruch auf *moral leadership*. Die sind nicht nur eine Großmacht, weil sie Militär und viel Wirtschaftsmacht haben. Das haben sie auch, aber so, wie sie das sehen, haben sie vor allen Dingen *moral leadership*. Wir bewundern sie. Das tun wir in Wirklichkeit nicht, aber so denken sie. Sie denken, der Rest der Welt bewundert sie.

Nun ist die Frage: Wenn man *moral leadership* haben will, unter welcher Flagge versammeln die Amerikaner den Rest der Menschheit?

Wofür bewundern die sie eigentlich? Einfach, weil sie so ein tolles Land sind. Und wenn man sie fragt: „Was sind denn eure Werte?", sind es amerikanische Werte. Wir setzen uns für das nationale Interesse der Vereinigten Staaten ein. Aber unter dieser Fahne kann man eigentlich niemanden versammeln. Denn der Rest der Welt versammelt sich ja nicht, um das Nationalinteresse der Amerikaner durchzusetzen. So sehr bewundern wir ihre Werte nun auch wieder nicht. Also, die Amerikaner haben dieses etwas komische Verhältnis. Und sie haben jetzt in den letzten paar Jahren gemerkt, dass die Welt sie eigentlich vielleicht doch etwas weniger bewundert, als sie sich das vorgestellt hatten. Und sie möchten gerne wieder bewundert werden.

Da kann ein Obama möglicherweise sehr helfen und sagen: „Ich habe eine Idee, wie ihr wieder bewundert werden könnt". Und wie wir das machen müssen? Wir müssen eine neue Flagge haben, nicht die des nationalen Eigeninteresses. Denn hinter der wird sich die Welt nicht versammeln wollen, sondern eine Flagge, auf die wir jetzt moralische Werte schreiben und der Welt sagen, folgt uns oder versucht mit uns zusammen diese moralischen Werte durchzusetzen.

Da kommen meiner Ansicht nach insbesondere drei Sachen infrage: Erst mal Sicherheit, also dass wir versuchen, den Krieg abzuschaffen und die Vernichtungswaffen abzubauen und versuchen ein Kontrollregime herzustellen. Zweitens, schon angesprochen von Ihnen, die Ökologie – ganz wichtig, denn wir gehen auf eine fürchterliche Krise über die nächsten Jahrzehnte zu, die abgewendet werden muss. Die Amerikaner müssen da mit gutem Beispiel vorangehen und versuchen, an einer für alle akzeptablen Regelung mitzuwirken, in die auch die Entwicklungsländer mit eingebunden werden müssen.

Drittens natürlich die Armut: Die Armut ist das Problem, das sich im Grunde als erster Schritt am besten eignet, denn es gibt ja eigentlich niemanden auf der Welt, der an der Armut ein wirklich starkes Interesse hat. Keiner will unbedingt, dass die Armut bleibt. Die Leute sind desinteressiert und sie tun viel zu wenig und kümmern sich nicht darum, und es gibt da keine wirklich starken Gegenkräfte. Dabei wäre es relativ billig, die Armutsbeseitigung voranzubringen.

Mein Vorschlag für die Obama-Administration wird sein, hier eine große Initiative zu ergreifen und zusammen mit den Europäern und den anderen reichen Industrieländern eine Initiative zur Armutsbekämpfung vorzustellen und dadurch quasi das etwas demolierte Ansehen der Amerikaner wieder aufzumöbeln. Das wäre, glaube ich, jetzt möglich.

Wolfgang Thierse

Bevor sich unsere momentane Obama-Begeisterung in eine allgemeine USA-Begeisterung verwandelt, erlaube ich mir den ganz leisen Hinweis, dass das deutsche oder europäische System der Politikfinanzierung, so glaube ich, etwas günstiger ist, um es sehr vorsichtig zu sagen. Da darf man sagen: Wir Politiker hängen nicht so von privatwirtschaftlicher Finanzierung ab, weil es zum Glück öffentliche transparente Finanzierung von Politik gibt. Das ist eine große Errungenschaft, die wir verteidigen müssen.

Aber zurück zu unserem Thema: Gert, was sind jetzt die systemischen Fragen und Konsequenzen, die richtigen Antworten auf die Finanzmarktkrise?

Gert Weißkirchen

Wir haben ja gesehen, es gibt genügend Kapital. Es gibt offenbar sogar überflüssiges, das verbrannt oder wohin auch immer geworfen werden kann. Aber es gibt auf der anderen Seite Probleme, die zu lösen sind: Klimawandel und ökologische Reformen. Diese brauchen eine Menge Kapital, und zwar wirklich viel. Das wäre jetzt eine gute Investitionsanlage und Investitionsmöglichkeit. Warum wird das nicht gemeinsam besser organisiert? Das wäre zum Beispiel ein ganz wichtiges Grundelement für die Erneuerung der transatlantischen Kooperation. Die Zusammenarbeit sollte sich auf solche ganz zentrale Projekte konzentrieren.

Ich finde, da kann man am Beispiel Kalifornien sehr gut lernen – tut mir leid, dass gerade dieser Muskelmann das so angefasst hat, aber er hat es richtig angefasst. Das trifft ja auch den Kern dessen, was bei uns in Europa zwangsläufig, nicht nur wegen der Klimaziele, sondern auch wegen der inneren Reformen, die wir zwingend in Europa brauchen, als eines der gemeinsamen verbindlich festzulegenden Ziele möglich ist – Nummer 1.

Nummer 2 – Armut: Dazu brauche ich gar nichts mehr zu sagen. Ich finde, dass Sie völlig recht haben. Dann brauchen wir aber auch neue Instrumente dafür. Ich nenne mal nur das, was Heidi ja ganz bewusst und sehr stark mit unterstützt bei eben jener nötigen Regionalisierung dessen, was durch entwicklungspolitische Maßnahmen geschieht. Etwa: Die Mikrofinanzierung. Mikrokredite sind ein ganz entscheidender Punkt, um die persönlichen und privaten schrecklichen Lebensverhältnisse von Familien auf dieser Erde deutlich zu verbessern. Da kann man eine ganze Menge machen. Es gibt Fonds, die das aus dem kirchlichen Bereich machen, von Leuten, die aus ethischen Gründen ihr

Geld geben. Das kann man jetzt zusätzlich an größere Kapitalkomplexe binden.

Ein Drittes will ich sagen, das war auch eines der zentralen Themen von Obama: Verdammt noch mal, wir haben jetzt eine große Chance, auch in der Abrüstung voranzukommen. Zum ersten Mal gibt es einen amerikanischen Präsidenten, der selbst sagt: "Ich will, dass die Erde von Massenvernichtungswaffen frei wird!" Das trifft unsere eigenen Interessen. Und Frank-Walter Steinmeier würde sich dies wünschen. Also, wir haben drei ganz große gemeinsame Ziele. Verdammt noch mal, fangen wir sie richtig an!

Wolfgang Thierse
Heidi, was wären nach deiner Auffassung Elemente, Strategien eines *global New Deal?*

Heidemarie Wieczorek-Zeul
Ich verbinde das erst mal mit dem Punkt, den Julian Nida-Rümelin hier angesprochen hat, um welches System, um welche Konzeption von Gesellschaft und Staat geht es eigentlich. Ich bin eine geprägte Europäerin. Ich glaube, das hängt auch mit meiner Erfahrung in der Entwicklungszusammenarbeit zusammen. Mein Konzept für solche globalen Entwicklungen wäre eine Mischung vielleicht aus seinem skandinavischen Ansatz plus deutschem, vielleicht in manchen Bereichen auch französischem, Ansatz, also eher dem europäischen Modell, das Elemente des Staates für die soziale Sicherung ganz wichtig nimmt, aber eben auch dem Markt in den notwendigen Bereichen zu seinem Recht verhilft.

Und dieses Konzept ist auch geprägt von der Tatsache, dass in den Entwicklungsländern eine der höchsten Anforderungen an uns bei der Beratung die Frage ist, wie dort soziale Sicherungssysteme aufgebaut werden können. Das gilt für Afrika, wo sich natürlich die Familienverhältnisse auch ändern, wo nicht mehr ausschließlich die Vorstellung herrscht, dass die Großfamilie im Alter oder bei Krankheit hilft. Das gilt für China. Also, die sozialen Sicherungssysteme, die im Übrigen immer ein Stück staatsbasiert sein müssen, Argentinien hat beispielsweise jetzt gerade die Privatisierung im Rentenbereich zurückgenommen, sind einer der wichtigsten Punkte. Insofern ist das der konzeptionelle Ansatz.

Wie könnte die jetzige Situation so nach vorne gewendet werden, dass wir wirklich das erreichen, was ein *global New Deal* für das 21. Jahrhundert ist? Vielleicht noch mal zur Rückerinnerung: Es knüpft ja an den *New Deal* nach der Weltwirtschaftskrise an, der damals national war, der sehr stark – da haben wir den Punkt wieder – auf die Kooperation zwischen Arbeitnehmern und Unternehmen gestellt war, also ein kooperativer Ansatz, der auch dem Staat seine Rolle gegeben hat. Aber heute ist es eben so, dass die Entwicklungsländer, die Schwellenländer und natürlich alle Industrieländer betroffen sind, nicht wie in der Weltwirtschaftskrise, wo es praktisch nur die Industrieländer waren. Deshalb muss man es heute global denken. Deshalb müssen auf jeden Fall all diese Aspekte mit einbezogen werden.

Wie könnte das gelingen? Da ist übrigens eine Verknüpfung damit, dass Wolfgang Thierse gesagt hat, es gehe auch um positive Fragen. Wir müssen immer wieder deutlich machen: Die Krise und die wirtschaftliche Abwärtsentwicklung bei uns wird umso stärker, je mehr wir zulassen, dass Entwicklungs- und Schwellenländer jetzt von diesen verschiedenen Krisen getroffen werden. Nur gemeinsam können wir vorankommen und die Entwicklung verbessern.

Was würde dazu gehören? Dazu gehört meines Erachtens, dass man nicht nur ein nationales Konjunkturprogramm hat, sondern in den ökologischen Bereich finanziell investiert. Es geht um die Verkopplung der Finanzierung von Entwicklungszusammenarbeit mit ökologischem Umbau. Das heißt also für die internationalen Prozesse, einmal die ganzen Kyoto- und Nach-Kyoto-Folgeprozesse mit den *Financing-for-Development-Aspekten* zu verknüpfen.

Dann hätte man zur Belebung der weltwirtschaftlichen Entwicklung wie zur Armutsbekämpfung etwas. Und dann natürlich gänge dies auch andere Institutionen an, das sind dann nicht mehr die G8, sondern entweder der *Global Council* oder Vorstufen zu diesem *Global Council* – denn gleichzeitig gänge es dann natürlich auch um die Frage der weiteren Finanzierung insgesamt.

Da müssen wir alle innovativen Instrumente nutzen, denn – ehrlich gesagt – für die Zukunft wird es bei den Haushalten schwieriger werden. Deshalb wiederhole ich noch einmal meinen Vorschlag: Ich bin dafür, dass wir neben der Frage von CO_2-Emissionszertifikaten und der Finanzierung von Klima und Entwicklung daraus, neu über die zusätzliche Frage nachdenken, wie wir globale Devisentransaktionen nutzen, um neue Mittel für die Entwicklungsfinanzierung zu gewinnen.

Und noch einmal der zweite Punkt: Bisher basieren ja die Rettungsaktionen gegenüber individuellen und mehreren Banken auf den staatlichen Finanzen, auf den Finanzen der Bürger und Bürgerinnen. Ich bin dafür, dass ein Fond eingerichtet wird, der gespeist wird von einer Devisentransaktionssteuer, die für das erste und das zweite Ziel genutzt wird und aus der, wenn es denn jemals noch einmal solche Krisen gäbe, sich dann auch das Bankensystem selber ein Stück retten sollte. Das ist ein ganz praktischer Vorschlag. Es ist allerdings meiner, nicht der der Regierung, aber ich halte ihn für zielführend.

Wolfgang Thierse
Können wir diese beiden Vorschläge und Projekte noch etwas genauer diskutieren. Also, erstens Devisentransaktionssteuer: Es gibt eine lange Diskussion über einen solchen Vorschlag. Früher hieß es Tobin-Steuer. Und das Hauptargument dagegen war immer, deswegen frage ich so dumm: Wer soll sie erheben? Der Nationalstaat ist der Steuerstaat und erhebt Steuern. Es war immer der Einwand, wie kann man das praktisch machen. Gibt es da eine neue Idee?

Dass es möglicherweise nach der Finanzmarktkrise eine neue, andere Gestimmtheit gibt als früher, das hoffe ich, aber wie macht man es jetzt praktisch?

Heidemarie Wieczorek-Zeul
Ehrlich gesagt, wir hatten schon bei der Konferenz von Monterrey, das war im Jahr 2002, einen etwas veränderten Vorschlag von Tobin vorgestellt. Das war damals Professor Paul Bernd Spahn, ein wirklich hoch anerkannter Finanzexperte. Der hatte – in der damaligen Situation angemessen – einen Vorschlag gemacht, wie man in einer Zeitzone die *Tobin-Tax* ermöglichen könnte, weil man damals davon ausgegangen ist, dass die USA sich niemals beteiligen würden.

Heute sollte man mutiger sein – und das würde ich auch global anpacken. Er, der die Technik nun sehr genau kannte, hat im Übrigen ebenfalls darauf hingewiesen, dass das wegen des Automatismus heutzutage bei den gesamten Finanztransaktionen überhaupt keine Schwierigkeit ist, das Geld in den jeweiligen Staaten auch tatsächlich zu sammeln. Über wen es dann tatsächlich übertragen wird, das ist eine Frage, die man natürlich diskutieren muss. Aber es gibt überhaupt keine technische Schwierigkeit. Zu dieser Schlussfolgerung ist Spahn schon 2002 gekommen.

Was er ausgelassen hat und was ich auch persönlich nicht propagieren würde: Es gibt im Grunde drei Elemente bei dieser Transaktionssteuer. Das eine ist die Frage der Finanzierung von Entwicklung. Er hat es darauf konzentriert. Das Zweite ist die Frage des Vorschlags, den ich eben gemacht habe. Wie kann so ein Rettungssystem künftig aussehen, wenn es denn gebraucht würde? Und das Dritte: Tobin hat ja ursprünglich gemeint, dass dadurch die Geschwindigkeit der Transaktionen gemindert würde. Da muss ich sagen, ich habe noch keinen Fachmann getroffen, der sagt, wie hoch das angelegt sein muss, um daraus dann wirklich ein Abbremsen von Finanzströmen zu machen.

Da wäre ich sehr zurückhaltend. Das war Spahn auch. Aber die beiden Vorschläge, die ich eben gemacht habe, sind machbar. Sie sind auch tatsächlich vor Ort zu realisieren. Die Frage ist: Haben wir den politischen Willen? Aber in anderen Fragen hatten wir ihn ja auch, wie wir jetzt gerade in der Finanzmarktkrise gesehen haben.

Wolfgang Thierse
Bisher wurde uns ja immer berichtet, dass bisher die USA, Großbritannien und Irland gegen alle strengeren Regeln am Finanzmarkt Einspruch erhoben haben. Deswegen sei alles gescheitert. Mal sehen, ob sich das jetzt ändert.

Ich komme zum zweiten Stichwort: *Global Council*, einen internationalen Wirtschafts- und Sozialrat haben wir das in unserem Grundsatzprogramm genannt. Herr Pogge, Sie haben in Ihrem Referat auch ausdrücklich davon gesprochen, dass die anderen Länder der Welt, die nicht zu den reichen Ländern gehören, eine viel größere Chance bekommen müssen, gleichberechtigt die internationalen Regeln des Wirtschaftsverkehrs mitzubestimmen. Wäre ein solcher *Global Council*, der dann anders – und das ist dann die Frage, wie – zusammengesetzt sein müsste, anders als der Sicherheitsrat der Vereinten Nationen, eine vernünftige Idee? Oder wie müsste die Idee ausgestaltet sein?

Thomas Pogge
Eine Sache, die ich hinzufügen würde, ist, dass man sich nicht immer darauf verlassen kann, dass die Regierungen der Entwicklungsländer wirklich die Interessen der armen Bevölkerung dieser Entwicklungsländer vertreten. Das ist ein ganz großes Problem. Wenn man dann einige am Tisch sitzen hat, weiß man noch nicht, ob diese wirklich gute Repräsentanten der Interessen ihrer Bürger sind.

Ich finde, ein wichtiger Schritt wäre, was da auch mit einzubauen wäre, dass man Experten hat, die einfach nur ganz nüchtern sagen: Diese Regelung, über die ihr jetzt gerade diskutiert und über die ihr abstimmen wollt, wird solche und solche Auswirkungen haben. Also, dass man eine Art *impact assessment* – wie oft auch in anderen politischen Fragen, etwa gibt es ein *ecological impact assessment* usw. –, dass man also ein Armuts-*impact-assessment* macht und versucht vorherzusagen, wie sich verschiedene mögliche Regelungen auf das Armutsproblem (und eventuell auf andere Probleme) auswirken würden. Das fände ich einen sehr wichtigen Punkt.

Ein zweiter Punkt zu diesem *Global Council*. Er ist ein sehr guter Anfangspunkt, um sich auf diejenigen Probleme zu konzentrieren, in denen es *collective action problems* gibt, wo man also versuchen kann, die Situation für alle besser zu gestalten. Herr Nida-Rümelin hat darüber ja in seiner philosophischen Karriere gearbeitet. Dadurch, dass wir alle gegeneinander arbeiten und jeder sein Eigeninteresse verfolgt, tun wir uns alle schwerer, als wenn wir zusammenarbeiten würden. Wie wir das technisch nennen, als eine Bewegung zur Pareto-Linie, gemeint ist: Hier tun wir uns, dadurch dass wir alle gegeneinander arbeiten und jeder sein Eigeninteresse verfolgt, alle schwerer, als wenn wir zusammenarbeiten würden. Da gibt es jede Menge kollektive Kooperationsgewinne, die man erzielen könnte. Mit denen sollte man anfangen und versuchen, von diesen Kooperationsgewinnen möglichst viel an die armen Länder und die armen Bevölkerungen abzugeben. Die schwierigeren Fragen, bei denen tatsächlich einige etwas abgeben müssten und sicher schlechter stünden, sollte man erst später lösen. Also: Erst einmal sollte dieser *Global Council* auf solcherlei Kooperationsgewinne abzielen, von denen es – glaube ich – ziemlich viele gibt.

Wolfgang Thierse
Sollte ein solcher *Global Council* in den Vereinten Nationen angesiedelt werden, gewissermaßen gleichrangig neben dem Sicherheitsrat? Ich möchte es ein bisschen plastischer haben.

Heidemarie Wieczorek-Zeul
Also, der Vorschlag ist nicht meiner, sondern das war der Vorschlag, der auch im Vorfeld der Konferenz von Monterrey schon in einem Bericht von dem Ernesto Zedillo, dem mexikanischen Politiker, gemacht worden ist. Und an diesem Konzept hat übrigens auch Jacques Delors mitgearbeitet. Das sind ja alles keine Leute, die irgendwie linke Spinner wären, sondern die haben einen solchen wirklich konkreten Vorschlag entwickelt. Im Prinzip würde der folgendermaßen aussehen:

Es wäre schon ein UN-Gremium, das wäre ja anders auch gar nicht umzusetzen, also praktisch ein UN-Sicherheitsrat für Nachhaltigkeit oder für soziale und ökologische Fragen. Und er müsste sich zusammensetzen aus hochrangigen Vertretern der jeweiligen Regionen der Welt, also Lateinamerika, Afrika, Asien, Europa, USA oder den amerikanischen Staaten. Hochrangig vertreten, aber gleichzeitig, weil die UN selber ja nicht das Geld in der Tasche hat, sollten dann auch die internationalen globalen Organisationen praktisch in diesen Beratungen dabei sein. Das heißt also: die Frage WTO, die Frage ILO, das heißt Weltbank, das heißt IWF, so dass die verschiedenen Aspekte in ihrer Kohärenz erst mal auch überprüft werden können. Denn, wie gesagt, bei der WTO wird teilweise das genaue Gegenteil dessen gemacht, was in Entwicklungsfragen notwendig wäre. Und selbstverständlich müssten die Entwicklungsaspekte in einem solchen Sicherheitsrat mit vertreten sein.

Es ist immer eine umstrittene Frage: Ist das ein Gremium, das dann sozusagen die Planung vorgeben kann? Das sehe ich nicht. Aber es ist ein Gremium, das jedenfalls die Widersprüchlichkeiten aufzeigt. Die Regierungschefs, wenn sie sich zusammensetzen – ob zu acht oder zu zwanzigst – diskutieren nur bestimmte Sektoren. Aber der Zusammenhang mit anderen Sektoren, zum Beispiel mit der Frage Armut und Armutsauswirkungen, wird da nicht diskutiert, wenn das nur so sektorenweise geschieht.

Das hat den Nachteil, da haben Sie völlig recht, dass das nicht ausreicht, solange es praktisch die Regierungsvertreter sind. Als ich Lateinamerika gesagt habe, habe ich überlegt, wer das dann wäre, das kann man sich ja auch vorstellen. Und man müsste wahrscheinlich sicherstellen, dass entweder im Umfeld oder auch in den Beratungen jedenfalls Nichtregierungsorganisationen ihre Rolle spielen, weil nur daraus wirklich so was wie *good Global Governance* wird und auch die Regierungen ein Stück mit kontrolliert werden.

Gert Weißkirchen
Da möchte ich insbesondere den letzten Punkt verstärken, nicht nur die Regierungen zu kontrollieren und zu beobachten, sondern auch mitzuhelfen, dass es so etwas wie eine globale Öffentlichkeit gibt. Der Ort ist bisher durch nichts anderes als durch CNN oder BBC, aber von sonst niemandem besetzt. Wir wissen ja, was bei CNN, zu stark privat orientiert, manchmal passiert. Also, da wäre der Platz, dafür zu sorgen, ein Forum für die Nichtregierungsorganisationen zu schaffen, damit so etwas wie eine kritische Öffentlichkeit überhaupt erst einmal in Konturen hergestellt werden kann.

Wolfgang Thierse
Ich will noch ein anderes Politikfeld ansprechen, das Thomas Pogge geschildert hat. Er hat von dem Skandal gesprochen, dass Medikamente zu Monopolpreisen verkauft werden, geschützt durch das Patentrecht, und damit Millionen von Menschen nicht die Medikamente haben, die sie brauchen. Das ist ein wirklicher Skandal. An der Knappheit von Medikamenten verdienen Pharmakonzerne.

Mich interessiert, was konkrete Vorschläge wären und wie man diesen Zustand überwinden kann. Welche Regeln müssen wir verändern? Welche politischen Strategien gibt es, damit wir das an diesem einen Beispiel einmal zeigen können, das mir besonders skandalös zu sein scheint.

Thomas Pogge

Wir haben das Konzept eines *Health Impact Funds* entwickelt. Die Grundidee ist, dass es einen zweiten Mechanismus gibt, Anreize für neue Medikamente, für Innovationen auf dem Sektor der Medikamente zu schaffen. Diese Anreize funktionieren so, dass Firmen die freie Wahl haben, entweder ihre Patentrechte durch Monopolpreise auszuschöpfen oder bei dieser neuen internationalen Organisation, beim *Health Impact Fund*, ihr Medikament registrieren zu lassen. Diejenigen, die ihr Medikament registrieren lassen, haben einen Vor- und einen Nachteil. Der Nachteil ist, dass man das Medikament überall in der Welt zum Kostenpreis verkaufen muss. Der Vorteil ist, dass man eine neue Art von Belohnung bekommt, nämlich eine, die sich nach dem globalen *Health Impact* richtet, also nach den globalen Gesundheitsauswirkungen dieses Medikaments. Es wird untersucht, wie viel dieses Medikament ausrichtet. Und je nachdem, wie viel es ausrichtet, wird die Firma bezahlt.

Also, wenn Sie jetzt Medikamente haben, die relativ wenig *health impact* haben, wie zum Beispiel Haarausfallmittel oder ähnliches, werden Sie nach wie vor Ihre Monopolrechte wahrnehmen wollen. Wenn Sie ein hochwirksames Medikament haben, insbesondere eines, was sich gegen eine Krankheit richtet, von der auch viele Arme betroffen sind, werden Sie sich viel besser stellen, wenn Sie mit dem *Health Impact Fund* paktieren und sagen, wir verkaufen es zum Selbstkostenpreis überall in der Welt.

So sehen Sie, wie sich die Anreize verändern würden. Erstens gäbe es jetzt neue Anreize, Medikamente herzustellen oder gegen Krankheiten zu erfinden, die eigentlich nur arme Leute haben. Da gibt es Krankheiten mit riesigen Gesundheitsauswirkungen. Da könnte man sehr, sehr viel ausrichten und sehr viel Profit machen durch den *Health Impact Award*. Auf dem Monopolweg lässt sich mit solchen Medikamenten eigentlich kaum Geld verdienen.

Zweitens würden natürlich Medikamente sehr viel billiger zu haben sein, auch schon in den ersten zehn oder zwölf Jahren, nachdem sie auf den Markt kämen. Allein dadurch würden Millionen von Menschenleben gerettet, sowohl mit Medikamenten gegen Krankheiten der Armen, als auch mit Medikamenten gegen globale Krankheiten wie Herzkrankheiten zum Beispiel, die eigentlich alle betreffen – Reiche und Arme gleichermaßen.

Und drittens, das übersieht man leicht, hätten die Pharmafirmen zum ersten Mal einen Anreiz, sich darüber Gedanken zu machen, was mit den Medikamenten passiert, wenn sie einmal verkauft worden sind. Wenn heutzutage das Medikament verkauft wird und das

Geld in die Kasse gekommen ist, kann es den Pharmafirmen ganz egal sein, was mit dem Medikament passiert. Ob es in die Toilette gespült wird oder ob es jemand nimmt, der es gar nicht braucht, ist ganz egal, der Profit ist gemacht. Aber mit dem *health impact reward* hätten die Pharmafirmen einen Anreiz, sich darum zu kümmern, dass die Medikamente wirklich optimal eingesetzt werden, dass die Patienten also genau wissen, wann und für wie lange sie die Medikamente nehmen müssen usw.

Also, Pharmafirmen hätten genau den Anreiz, den man vom moralischen Standpunkt her gesehen den Pharmafirmen geben will, nämlich sich um den optimalen Einsatz dieser Medikamente zu sorgen.

Wenn ich jetzt noch zwei Sachen hinzufügen darf: Nach unseren Vorstellungen würde man mit einem Fond anfangen, der ungefähr 6 Mrd. Dollar pro Jahr kosten würde. Man würde also diese Geldtöpfe für die nächsten zehn, zwölf Jahre bereitstellen. Und Pharmafirmen würden für ihre registrierten Medikamente auf diesen Zeitraum hin Belohnungen aus dem Fond erhalten, und zwar proportional zum *health impact*. Wenn viele Medikamente registriert werden, wird die Belohnung kleiner. Wenn wenige registriert werden, wird die Belohnung größer. Also, Angebot und Nachfrage bestimmen die Belohnung für die Pharmafirmen. Das wäre für diese in vieler Hinsicht ein Riesengewinn. Sie haben eine zweite Einnahmequelle und sie würden vor allen Dingen ihr schlechtes Image los, das ihnen in den letzten Jahren verdienterweise anhaftet.

Wolfgang Thierse
Frau Ministerin, ist das ein vernünftiger und – vor allem – realisierbarer Vorschlag?

Heidemarie Wieczorek-Zeul
Ja, wir haben uns vorhin bereits darüber unterhalten, wie wir es anpacken. Ich hatte vorgeschlagen, dass wir uns zu den praktischen Details zwischen den drei Ministerinnen, die potenziell betroffen sein könnten – das heißt, Gesundheit Ulla Schmidt, Forschung Frau Schavan und, soweit es Entwicklungsländer berührt, auch unser Ministerium – zusammensetzen und das bewerten und überlegen: Können wir etwas an Unterstützung machen? Können wir etwas zusätzlich voranbringen? Also, ich bin grundsätzlich bei neuen innovativen Vorschlägen aufgeschlossen und man muss überlegen, ob man diese mit anderen Fragen verbinden kann.

Wenn ich zu der Frage TRIPs (*Trade-Related Aspects of Intellectual Property Rights*) noch was sagen darf: In dieser Sache wird mehr über die Gerechtigkeit in der Welt entschieden, als durch tausend Deklarationen. Da gibt es drei praktische Versuche damit umzugehen und der Gerechtigkeit zum Vorrang zu verhelfen:

Das eine ist die Vereinbarung, dass man zum Beispiel bei den Medikamenten gegen HIV/AIDS und dergleichen den so genannten globalen Fond eingerichtet hat. Der wird faktisch aus staatlichen Beiträgen und gleichzeitig aus Stiftungen finanziert. Die Bill-Gates-Stiftung hat da einen hohen Beitrag geleistet. Auch können dort auch private Unternehmen finanzieren, aber aus Deutschland ist bislang kein Unternehmen beteiligt.

Faktisch funktioniert das so, dass im Grunde für diejenigen, die das nicht finanzieren können, die Medikamente runter subventioniert werden. So kann man das sagen, wenn es auch sachlich nicht ganz richtig ist, doch das ist das Grundprinzip. Insofern ist das der eine Versuch.

Der zweite Versuch ist: Die Länder, die das nach dem *TRIPs*-Abkommen machen können, können auch so genannte Parallelimporte verlangen. Das heißt, sie dürfen dann auch Generika importieren. Das ist aber ein sehr komplizierter Vorgang und schreckt eher ab, als dass davon Gebrauch gemacht wird.

Und den dritten Punkt möchte ich auch nennen, weil ich finde, das ist wirklich eine tolle Initiative, die auch Menschenleben rettet: Bis 2016 gilt die Regelung, dass die ärmsten Entwicklungsländer, die so genannten LDCs *(Least Developed Countries)*, eben produzieren und auch exportieren können. Die Technologie ist machbar. Was wir machen? Wir finanzieren das in einem *Private Public Partnership*. Das wird keiner glauben, aber ich habe es vor Ort gesehen und kenne die Beteiligten, sonst würde ich es Ihnen nicht erzählen. Selbst in einem Ort wie Bukavu im Osten des Kongo machen wir ein *Privat Public Partnership*, wo die dortige Firma mit dem deutschen Chef Anti-AIDS-Generika produziert und die dann auch exportieren kann. In Afrika können sie eingesetzt werden. Und wir beraten andere afrikanische Entwicklungsländer über die Frage: Wie müssen die Produkte zertifiziert sein, damit sie eben auch die höchste Stufe der Qualität haben? So können wir – jedenfalls bis zum Jahr 2016 – die Möglichkeit schaffen, die Produktion auch dort vor Ort zu haben und den Menschen zu helfen. Das ist kein Ersatz für die Veränderung, die Sie angesprochen haben, aber es rettet in der Zwischenzeit trotzdem Menschenleben. Wir können die allgemeine Diskussion ja noch fortsetzen, aber jedenfalls haben wir dazu beigetragen Menschenleben zu retten. Da bin ich auch ein bisschen stolz drauf.

Wolfgang Thierse
Meine Damen und Herren, Sie haben so wunderbar aufmerksam zugehört. Jetzt sollen Sie die Chance haben zu Fragen und Statements.

Aus dem Publikum
Ich studiere *Public Policy* an der *Hertie School of Governance*. Vorhin ist
eine Welle der Obama-Begeisterung einmal übers Podium geschwappt,
gerade im Zusammenhang mit der Frage nach Kosmopolitik und internationalen Vereinbarungen. Wenn ich die auch sehr nachvollziehbar
finde, so frage ich mich doch, ob sie gerechtfertigt ist – und das aus
zwei Gründen:
Zum einen hat sich Obama mit einer klar protektionistischen Wirt-
schaftspolitik profiliert. Da frage ich mich, was in Punkto Agrarsubven-
tion wirklich zu erwarten ist. Zum anderen, wenn man jetzt die Wähler
heraus rechnet, die sich neu registriert haben und die Obamas *Cam-
paign* mobilisieren konnte, und einfach auf die *popular Vote* guckt,
sind wir nicht so weit weg von dieser 50:50 Relation, die wir bei Bush
versus Al Gore oder Bush versus Kerry gesehen haben.
Das heißt, ich frage mich, ob sich das amerikanische Volk wirklich
hinter einem neuen *Star-Spangled Banner* in Ihrem Sinne, Herr Pogge,
vereinigen möchte oder ob nicht doch 50 % der Bevölkerung, dem
gegenüber Obama auch *accountable* ist, also sich zu verantworten hat,
sehr genau hinsehen werden, ob nationale Interessen verfolgt werden.
Das wäre meine Frage.

Thomas Pogge
Sie haben eigentlich zwei Fragen gestellt. Erstens: Was lernen wir von
dieser Wahl über die amerikanische Bevölkerung? Zweitens: Was ist
von Obama zu erwarten?
Zur ersten Frage: Sie haben vollkommen recht, der Wahlausgang,
wenn man die Stimmen zählt, ist relativ knapp. Das schlägt bei uns
immer sehr stark aus, weil das nach Staaten geht. Wir haben ein *win-
ner-takes-all* System. Also jemand, der die Mehrheit in einem Staat
gewinnt, bekommt alle Wahlmänner oder -frauen dieses Staates. Aber
auch in der Gesamtstimmenzahl ist Obama außerordentlich erfolgreich
gewesen. Seit Jimmy Carter, 1976, ist kein demokratischer Präsident-
schaftskandidat auf 50 % gekommen. Obama hat das – bei hoher
Wahlbeteiligung – geschafft; und das ist für amerikanische Verhältnisse
ein Riesenerfolg.

Obamas Wahlsieg ist auch dadurch bemerkenswert, dass Obama im Gegensatz zu seinen Vorgängern nicht irgendwelchen Leuten verpflichtet ist. Das Establishment, die demokratische Partei hat ihn 2004 bei der *Kerry Demoratic Convention* reden lassen, aber Clinton war gegen ihn. Also, er hat sich das selber erobert.

Und Millionen von uns, das muss ich sagen, haben mit unseren kleinen Dollarbeträgen Obamas Wahlkampagne auch finanziell zur stärksten gemacht.

Ihre zweite Frage war: Sind die Erwartungen berechtigt? Das ist offen. Er hat die Wahl gewonnen. Damit haben wir eine Chance. Die Chance kann bei Null enden. Eigentlich kann ich Ihnen jetzt schon sagen, dass viele, viele Menschen, die mit Rührung geweint haben, als er gewonnen hat, am Ende enttäuscht sein werden. So viele Erwartungen, wie er auf sich gezogen hat, kann er gar nicht erfüllen. Da müsste er Gott sein.

Das stimmt also schon, aber er kann immer noch ein sehr erfolgreicher Präsident oder, wie Jimmy Charter, ein relativ unerfolgreicher Präsident werden. Wir wissen es nicht. Ich weiß es nicht. Er hat seine Karten, wie man auf Englisch sagt, sehr eng an die Brust gehalten. Er hat das getan, was er im Wahlkampf tun musste, um zu gewinnen. Er hat gewonnen. Wo jetzt wirklich sein Herz ist und wo er wirklich die Akzente setzen wird, wissen wir noch gar nicht.

Ich hoffe, dass er bei der globalen Gesundheit und der Armutsbekämpfung etwas tun wird. Wie schon gesagt, die Beträge, die man da brauchen würde, sind relativ klein. Das kann man auch mit der Finanzkrise, das macht alles nichts. Diese paar Milliarden kann man immer mit der Hilfe der Europäer und Japaner aufbringen. Wenn er will, kann er. Aber ob das sein Hauptprogramm sein wird oder ob er sich eher auf das Finanzsystem oder auf Amerikaner ohne Krankenversicherung konzentrieren wird – was er tun wird, wissen wir nicht. Aber wir hoffen jedenfalls, dass er in den ersten 100 Tagen so viel zustande kriegt, dass er sein politisches Kapital vergrößert und nicht verkleinert. Doch er hat eine Ausgangsposition, von der ein amerikanischer Präsident überhaupt nur träumen kann.

Aus dem Publikum

Ich habe eine Frage an Herrn Pogge und Frau Wieczorek-Zeul. Ich würde gerne den Zusammenhang von Krieg, kriegerischen Aktionen im weitesten Sinn, und Armut etwas stärker als Sie betonen. Sie haben es ja eigentlich eher gegeneinander ausgespielt. Das finde ich nicht ganz glücklich. In diesem Zusammenhang liegt meine Frage nahe, wo man besonders die Verschränkung von globalen und lokalen Faktoren sehen kann.

Es ist interessant, dass besonders in afrikanischen Ländern, die bettelarm sind, offensichtlich kein Mangel an Waffen für alle möglichen, für die Bevölkerung ja desaströsen, Auseinandersetzungen von *War Lords* herrscht, die zuverlässig wie das Amen in der Kirche auch immer große Armut nach sich ziehen. Ich denke, das ist zurzeit ein ganz zentraler Faktor.

Da ist jetzt die Frage, was gegen diesen Waffenhandel auf globaler Ebene unternommen werden kann. Das Problem scheint ja zu sein, dass das keine komplexen Raketensysteme oder ganze Panzerarmeen sind, sondern kleine Feuerwaffen, die diese ganz verheerenden Bandenkriege sehr gut ermöglichen. Da wüsste ich gerne mehr, ob es überhaupt eine Chance gibt. Das ist ein Punkt – etwa im Sinne von Herrn Thierse –, bei dem man den Eindruck hat, das ist völlig hoffnungslos, da irgendwie global zu intervenieren.

Thomas Pogge
Sie greifen mich zu Unrecht etwas an. Das ist in den vier Privilegien ja drin gewesen. Ich habe gesagt, dass ein ganz großes Problem darin besteht, dass wir Leute aufgrund der Tatsache, dass sie faktisch die Herrschaft ausüben in so einem Land, als zum Beispiel zum Waffenimport berechtigt, anerkennen. Die halten sich dann mit Waffen an der Macht, haben ein Gewaltregime. Dagegen mobilisieren sich dann wieder andere und wollen dieses Gewaltregime abschaffen. Dadurch bilden sich Bürgerkriege, die natürlich auch wieder dadurch angestachelt werden, dass sich die Opposition sagt, „wenn wir die Macht an uns bringen können, sind wir in der glücklichen Lage, dass wir die Rohstoffe des Landes verkaufen und uns dann mit dem Erlös Waffen kaufen können" usw. Also, angesprochen habe ich es schon.

Das große Problem ist: Die Amerikaner sind mit 50 % am internationalen Waffenhandel beteiligt. Die Deutschen sind übrigens auch unter den ersten 5 oder 6. Hier wird gerade zugerufen, Nr. 3, die Chinesen, die Russen. Die gemeinsame Entschuldigung, die sie alle vorbringen, ist: „Na ja, wenn wir die Waffen nicht liefern, dann liefern sie ja leider die bösen Anderen". Die Chinesen sind dann immer die, die genannt werden. Die Chinesen haben ja keine Moral. Die liefern dann die Waffen. Insofern können wir es dann auch selber machen. Weil die Waffen sowieso geliefert werden, können auch wir daran verdienen. Nun raten Sie mal, was die Chinesen sagen. Ich will es Ihnen verraten: Die Chinesen sagen: „Na ja, die Leute im Westen liefern ja Waffen. Warum sollen wir uns beim Waffenhandel zurückhalten, wenn im Endeffekt die Waffen doch an die falschen Leute gehen?".

Also, der einzige Unterschied, den die Chinesen für sich in Anspruch nehmen, ist: Die sagen, „wir sind keine Hypokriten. Wir reden nicht ständig von Moral und tun das Gegenteil. Wir reden gar nicht von der Moral und tun dasselbe, was die im Westen auch machen – kaufen Rohstoffe und liefern Waffen." Eigentlich ist mir das ein bisschen sympathischer.

Jetzt ist die Frage: Wie stellt man den Waffenhandel ab? Das ginge durch Übereinkunft der jetzt Waffen liefernden Staaten, die dann gemeinsam versprechen würden: „wir tun es alle nicht mehr oder nur noch unter bestimmten Rahmenbedingungen". Die Regierung, die die Waffen bekommt, und erst recht irgendwelche Guerilla-Organisationen, müssten bestimmte Bedingungen erfüllen, um berechtigt zu sein, solche Waffen zu bekommen. Das könnte man versuchen durch mehr Transparenz in den Griff zu bekommen.

Wir hatten gerade vor ein paar Tagen eine Situation in Somalia, wo dieses Schiff gekapert wurde. Da bekamen wir so einen Eindruck, was da alles an Waffen nach Afrika fließt, was man sonst so gar nicht mitbekommt. Natürlich wissen das die Geheimdienste der Amerikaner; die wissen alle genau, was da läuft. Insofern ließe sich, glaube ich, dieser Waffenhandel sehr stark einschränken. Nur gibt es eben kein unmittelbares Interesse daran. Wiederum sind wir alle als Bürger angesprochen. Wir müssen fordern, dass dieser Waffenhandel jetzt aufhören muss. Einmal, weil er natürlich diese sehr armen afrikanischen Staaten sehr viel Geld kostet, und zweitens und hauptsächlich, weil er diese Herrschaftssysteme stabilisiert, die sich nicht für die Bevölkerung einsetzen, sondern eben nur für die eigene Geldbörse oder das Schweizer Konto.

Heidemarie Wieczorek-Zeul
Es gibt eine Vereinbarung der Vereinten Nationen, die vor drei, vier Jahren beschlossen worden ist. Die hat einen besonderen Mangel. Der ist auf die Intervention der damaligen US-Regierung zurückzuführen. Sie nimmt im Grunde Gruppen aus. Das hieße, sie richtet sich an Staaten, nimmt aber Rebellengruppen oder sonstige Gruppen aus. Und das ist genau die Situation und die besondere Problematik.

Wenn man dies also wirklich per Konvention, wie Sie es vorgeschlagen haben, ändern will, muss man diese Regelung entsprechend verändern und auch Gewaltgruppen von der Belieferung praktisch ausschließen. Das ist das Erste. Und das Zweite ist die Transparenz. Ich empfehle immer – den hatten wir in der rot-grünen Regierung auch eingerichtet – den so genannten Abrüstungsbericht. Da stehen auch die entsprechenden Zahlen drin, wobei man allerdings auch differenzieren muss. Die Frage des Transfers von Waffen ist bei der Bundesrepublik zum großen Teil aus der Nato-Mitgliedschaft bedingt, erfolgt also innerhalb der Nato. Das ist doch etwas anderes, als wenn man meinetwegen Waffen in den Kongo liefern würde, was wir nicht tun. Wenn wir da auf Platz 3 oder 5 stehen, ist das in den Zahlen zum Teil mit enthalten und nicht bezogen auf Entwicklungsländer. Aber bei Kleinwaffen bin ich dafür, dass wirklich die Länder öffentlich vorgeführt werden, die Kleinwaffen liefern. Da muss man die Berichte entsprechend auswerten und dann mal *name* und *shame* machen. Denn das ist ja das Schlimme: Die sind ja im wahrsten Sinne des Wortes kinderleicht zu handhaben. Deshalb werden sie ja auch eingesetzt, um Kindersoldaten auf die Art und Weise auszunutzen und massiv zum Mord zu verleiten und sie in solche Rebellengruppen einzubeziehen.

Ich darf noch einen Punkt ansprechen. Das ist die Frage, der sich das linke Spektrum im weitesten Sinne auch einmal stellen muss. Wenn sich in Ländern Gewaltgruppen Waffen aneignen, mit denen sie die Bevölkerung terrorisieren, plädiere ich auch für ein militärisches Eingreifen von UN-Truppen – so geschehen in Sierra Leone –, weil damit verhindert wird, dass die Gewaltgruppen erstens die Bevölkerung terrorisieren und dann anschließend noch an die Finanzen – in dem Fall waren das die Diamanten – kommen, mit denen sie dann ihre Herrschaft verlängern und perpetuieren. Deshalb bin ich als Entwicklungsministerin auch eine Person geworden, die sagt, um solche Exzesse von Gewaltgruppen zu verhindern, kann in besonderen Fällen eben auch militärisches Eingreifen notwendig sein. Das will ich hier auch ganz offen sagen.

Aus dem Publikum
Ich arbeite im Deutschen Bundestag als wissenschaftlicher Mitarbeiter. Ich habe eine Frage wahrscheinlich an die beiden Philosophen. Es wurde der Aspekt des Profits angesprochen, dass im Grunde genommen jeder von einem wechselseitigen Verhältnis irgendwie profitieren muss, also diese Variante von *Adam Smith*, die aber nicht ganz auszuklammern ist. Denn jeder muss ja immer das Gefühl haben, in einem wechselseitigen Verhältnis gewinne ich auch. Sprich: Die Industrieländer müssen auch dadurch, dass sie eventuell mehr die Gerechtigkeitslücken in einem globalen Kooperationssystem schließen, das Gefühl haben, sie und die Menschen in ihren Ländern profitieren davon ebenfalls. Das ist mir ein bisschen zu kurz gekommen, der Aspekt, dass die Industrieländer oder die reichen Länder auch einsehen, dass sie dadurch profitieren, wenn sie zum Beispiel dadurch, dass sie Entwicklungsländer fördern,

dort neue Absatzmärkte bekommen, Stichwort: *Global Marshall-Plan* zum Beispiel. Wir sollten deutlich machen, dass die Unterstützung der Armen auch einen Profit für die jetzt noch Reichen darstellt. Wie kann man das zeigen und ist das mit bedacht?

Wolfgang Thierse
Das meinte ich mit dem positiven Zusammenhang, den man herstellen muss. Es gibt nicht nur einen Schuldzusammenhang, es gibt hoffentlich auch positive Zusammenhänge.

Julian Nida-Rümelin
Ich glaube, der Punkt ist ganz wichtig und illustriert noch einmal das, was ich vorhin kurz angedeutet habe. Wenn Sie – ob innerstaatlich, kontinentalstaatlich oder global – eine Situation haben, bei der eine kleinere Minderheit hilfsbedürftig ist, dann ist die Frage: Zahlt die größere Mehrheit für diese kleinere Minderheit? Sie hat eine Verantwortung. Sollte sie sich an Praktiken beteiligen, die sie beschädigen usw.? Aber das ist zunächst einmal ein moralisches Postulat.

Ich glaube schon, wenn man das politisch sieht, ist es ziemlich realistisch, anzunehmen, dass bei solchen Situationen die Summen und Aktionen nie zustande kommen, die man eigentlich braucht. Deswegen: Paradigmenwechsel. Wir sind die Mehrheit und die Minderheit und wir alle sind Teil eines Kooperationsgefüges, was man so gestalten kann, dass sich für alle etwas Positiveres ergeben kann. Es gibt hochinteressante Modelle dazu. Wir können heute nicht in die Details gehen, aber selbst bei solchen Klimastrategien ist es keineswegs gesagt, dass hier die einen verlieren und die anderen gewinnen. Da können manchmal erst kompliziert erscheinende Modelle dazu führen, dass alle gewinnen werden. Das glaubt man nicht, aber es können alle gewinnen – gerade dadurch, dass in bestimmten Regionen, zum Beispiel in Deutschland, Industrien sehr weit entwickelt sind, was erneuerbare Energien u. ä. angeht. Das heißt, auch der deutsche Markt kann gewinnen, wenn Restriktionen in Form von Regeln auferlegt werden, die nicht gegen den Markt stehen, das ist immer dieses verbreitete Missverständnis, sondern die das Marktgeschehen bestimmen. Also, durch Emissionsrechte, wenn diese entsprechend verteilt und geregelt sind, entsteht wieder ein Markt, aber mit bestimmten politischen, umweltpolitischen Zielen. Das ist genau die Idee einer globalen Kooperation. Institutionen sind nötig, damit diese Regeln dann auch wirklich befolgt werden und durchsetzbar sind.

Thomas Pogge

Da ist nicht viel hinzuzufügen, vielleicht zwei, drei kleine Punkte. Ich glaube, erstens hat das Problem zwei Facetten, die man unterscheiden muss.

Eine Facette ist, dass man für die Zukunft ein System anstreben will, in dem der Eigennutz der Beteiligten mit dem, was moralisch geboten ist, koinzidiert. Also, man will – wie ich das mit den Pharmafirmen vorgeführt habe – denen Anreize geben, die mit dem konform gehen, was wir zu erreichen versuchen wollen.

Die zweite Facette ist: Wie kommt man vom Status quo hin zu einem solchen System? Da kann es natürlich sein, dass die bestehende Ungleichheit so enorm ist, dass es für die Reichen eigentlich keinen Grund gibt. Da gibt es nichts zu verdienen, weil die jetzt so bettelarm sind in Afrika. Da muss man eben manchmal, um dieses Hindernis zu überwinden, an Moral appellieren und sagen, hier müssen wir moralisch einen großen Schritt vorwärts machen. Und dann, wenn das System erst einmal etabliert ist, dann kann es auch auf Eigennutz basierend weiterlaufen.

Wie Herr Nida-Rümelin auch schon sagte, ist es wahrscheinlich so, dass es *Win-Win*-Situationen sogar für den Übergang zu einem neuen System gibt. Die müssen wir erst einmal so viel wie möglich ausnutzen, um die Kosten für die Reichen relativ gering zu halten.

Das Zweite, was wir ausnützen können, ist die alte Weisheit *divide et impera*. Viele haben, auf der linken Seite vor allen Dingen, so das Gefühl, die Kapitalisten sind eine Einheitsfront. Die haben alle dieselben Interessen. Das stimmt gar nicht, sondern die haben unterschiedliche Interessen und streiten sich auch oft darüber, wie die globalen Regelungen – also WTO usw. – auszugestalten sind. Da sind manche Regelungen besser für die Pharmafirmen, manche Regelungen besser für die Generikafirmen usw. usf.

Da muss man sehen, dass man möglichst Reformen findet, die für die Armen gut sind und die für manche dieser großen und mächtigen Firmen ebenfalls gut sind, auch wenn sie für andere vielleicht nicht so gut sind. So muss man mit Fingerspitzengefühl – damit kennen Sie sich besser aus als ich – versuchen, die politischen Veränderungen anzustreben, die durchsetzbar sind – und die dann wieder den Weg für weitere Veränderungen freigeben, die dadurch wiederum leichter durchsetzbar werden.

Ich bin Student der Soziologie und Volkswirtschaftslehre an der Uni Potsdam und muss definitiv die Skepsis teilen, es geht hier nicht um Geld. Bei aller Vernetzung zwischen Wirtschaft und Politik dürfen wir nicht vergessen, dass die Länder arm sind, weil das teilweise gewollt ist. Die reichen Länder haben seit der Kolonialzeit diese Länder in Abhängigkeit gehalten, um billig an ihre Rohstoffe zu kommen.

Stellen wir uns jetzt einmal wirklich vor, wir bringen diese Länder in die Selbständigkeit. Das heißt, wir müssen anfangen mit ihnen zu verhandeln. Der Protektionismus kommt ja nicht von irgendwoher. Warum subventionieren wir zum Beispiel die Landwirtschaft? Das kommt aus der großen Idee, wir müssen in Krisenzeiten in der Lage sein, unsere Bevölkerung selbst mit Lebensmitteln zu versorgen. Wenn wir nun die Subvention abschaffen, hätte das zur Folge, dass alle Länder, die billiger Lebensmittel produzieren können, unsere Landwirtschaft in den Ruin treiben. Das heißt, in Krisensituationen wäre Deutschland oder Europa nicht mehr in der Lage, sich selbständig mit Lebensmitteln zu versorgen. Das war der ursprünglich große Grund, warum man Landwirtschaft subventioniert hat, um in der Lage zu sein, uns in Krisenzeiten autark zu verhalten.

Eben hierdurch haben wir die Abhängigkeit der Dritte-Welt-Länder hervor gebracht. Sind denn die europäischen Staaten und auch der gesamte Westen wirklich bereit, diese Macht zugunsten einer Verhandlungsoption wirklich abzugeben?

Aus dem Publikum

Ich bin Student des Wirtschaftsrechts und der Wirtschaftspsychologie und Sozialdemokrat. Eine kleine Frage und eine noch kürzere Anmerkung:

Jetzt wurde gerade gesagt, wir müssen darauf achten, dass der Weg bis zu einem Kontext, wo wir über *Win-Win* auf beiden Seiten auch die kapitalistischen Länder mit an Bord haben, ein schwieriger Weg werden wird. Eine Frage an Sie, Herr Professor: Robert Kagan, ein einflussreicher erzkonservativer Autor, hat „Die Demokratie und ihre Feinde" als Buch vorgelegt. Dort skizziert er ganz klar, dass im 21. Jahrhundert die Konflikte an klassischen geopolitischen Linien aus dem 19. Jahrhundert verlaufen werden. Ich vermute, dass wir in Bedrängnis kommen, wenn wir da als Europäer landen und sagen, wir möchten da eher auf eine *Win-Win-Situation* hinsteuern.

Vielleicht noch eine kurze Anmerkung: Art. 15 Grundgesetz sieht vor, dass Industrien, die für die Daseinsvorsorge wichtig sind, verstaatlicht werden können. Wann verstehen wir eigentlich, dass gesundheitliche Versorgung der Bevölkerung durchaus eine Schlüsselindustrie ist?

Wolfgang Thierse
Da bin ich mit meiner DDR-Erfahrung neugierig auf die Antwort.

Aus dem Publikum
Wir haben ja von Herrn Thierse immer gehört, dass er insistierte: gute Beispiele. Wir haben ja heute politische Praxis und philosophische Reflektion gehört. Welchen Wert messen Sie denn Kultur und Kunst im Sinne von auch öffentlicher Überzeugungsarbeit bei, vor allem unter dem Aspekt der Mediengesellschaft, die ja viel mehr über Bilder als vielleicht über Worte kommuniziert, so intellektuell wir uns heute auch darüber verständigt haben?

Wolfgang Thierse
Die Frage war nicht bestellt.

Julian Nida-Rümelin
Ich habe gerade der Kulturstiftung des Bundes vorgeschlagen, dass wir eine Veranstaltung – übrigens ein Vorschlag vor der Finanzkrise, der konkretisiert sich jetzt – machen, in der wir uns über das Verhältnis Ökonomie, Kultur und Moral austauschen. Ich glaube, der Zeitpunkt ist günstig. Das Wechselverhältnis ist ziemlich kompliziert. Herr Pogge hatte ein paar Andeutungen gemacht. Zum Bespiel ist die öffentliche Befassung mit Ungerechtigkeit eine Grundlage dafür, dass Politiker dieses Thema auch aus Eigeninteresse beachten. Solange es keine öffentliche Aufmerksamkeit für diese Themen gibt, ist es für Politiker nicht sinnvoll, sich damit zu befassen. Hier sieht man schon eine erste Verkoppelung von Eigeninteresse und Moral. Und wenn man sich empirische Daten anschaut, gibt es wirklich verblüffende Ergebnisse.

Ich sage das jetzt politisch ganz unkorrekt: Die Forderung der Linkspartei nach Manager-Gehaltsbeschränkungen zielte damals vor der Finanzkrise noch auf das 20-Fache des durchschnittlichen Arbeitnehmereinkommens, wenn ich mich recht entsinne. In Japan ist dies realisiert. Warum eigentlich das? Japan ist eine kapitalistische Marktökonomie. In USA sind wir bei den CEO-Gehältern in der Größenordnung tausendfach. Wie kommt das? Japan ist doch ökonomisch ähnlich verfasst. Die Interessenlagen werden ähnlich sein.

Meine grobe Antwort, da gäbe es mehr dazu zu sagen: Das hängt mit der Kultur und der Sittlichkeit, die mit dieser Kultur verbunden ist, zusammen. Es gehört sich in Japan nicht, sich in dieser Weise von der Gemeinschaft abzukoppeln. Das hat im Übrigen nicht nur positive Aspekte, aber es ist völlig außer Frage, dass kulturelle Beeinflussungen stattfinden und massiv den Markt prägen. Es gibt jetzt eine Debatte, Nico Stehr hat dazu interessante Befunde vorgelegt, dass der Anteil des Marktes, der durch moralisch motivierte Geldanlagen gesteuert ist, massiv zunimmt. Da darf man nicht allein drauf setzen, aber jedenfalls gibt es einen solchen Zusammenhang. Bush Senior hat mal nach dem Zusammenbruch der bipolaren Welt von einer *New-World-Order* geredet, da wurde dann nicht viel draus, aber jetzt wäre vielleicht der Zeitpunkt, unter anderen Vorzeichen über eine *New-World-Order* zu sprechen. Und diese hat dann eine kulturelle und moralische Dimension, die eben mehr ins öffentliche Bewusstsein dringen muss.

Heidemarie Wieczorek-Zeul
Zu der Frage, ob die Europäer eigentlich an Eigenständigkeit in Afrika interessiert sind: Erstens kann man es natürlich sicher nicht pauschal sagen. Es gibt auch Widersprüche in der europäischen Politik: Stichwort: Entwicklungszusammenarbeit und umgekehrt bestimmte Elemente der Fischerei- oder der Landwirtschaftspolitik. Das ist eine Frage der Kohärenz, an der wir immer wieder arbeiten müssen.

Aber, was ich einen ganz wichtigen Prozess finde und was zeigt, dass wir eigentlich ein Interesse an dieser Eigenständigkeit der afrikanischen Staaten haben: Wir unterstützen das *Africa Partnership Forum*. Da sitzen afrikanische Reformstaaten, sehr weit gefasst, drin und dann europäische bzw. OECD-Länder. Und wir unterhalten uns über gemeinsame Fragen, angefangen bei der Frage, wie sieht das mit der Energieversorgung aus, wie sieht es mit HIV und AIDS aus? Wie sieht es mit der Stärkung der Frauen aus? Wie sieht es aus mit Postkonfliktländern? Was wir übrigens auch mit unterstützen – und das ist extrem wichtig –, ist der so genannte *NEPAD-Prozess* und diesen so genannten *African Peer Review Mechanism (APRM)*, wo sich afrikanische Länder unabhängig von der Frage ihrer Regierungstätigkeit überprüfen lassen. Das gibt dann Berichte. Die werden im jeweiligen Land diskutiert. Das ist für manche sehr unangenehm, ist aber sehr wichtig, weil es auch die Zivilgesellschaft stärkt. Und es macht deutlich, man kann nicht so abstrakt Afrika und Europa sagen. Ich finde, es kommt immer darauf an, dass sich als Weltbürger diejenigen verbinden – sei es in Regierungen, sei es in zivilgesellschaftlichen Organisationen oder auch Unternehmen, Gewerkschaften, Kirchen oder allem möglichen –, die vorangehen wollen, die Millenniumsziele verwirklichen wollen und die die Eigenständigkeit und die Freiheitsrechte von Menschen ausweiten wollen. Das ist ja eigentlich, worum es geht. Das ist auch meine sozialdemokratische

Überzeugung, denn Demokratie heißt dazu beizutragen, dass die Freiheitsrechte von Menschen ausgeweitet werden. So muss man auch versuchen, die Zusammenarbeit zu organisieren und Einfluss in diese Richtung zu nehmen. Da gibt es unterschiedliche Interessen, aber ich bin dagegen, so pauschal zu sagen, die Europäer haben das Interesse und die Afrikaner jenes. Afrika ist auch vielgestaltig, so vielgestaltig wie Europa zwischen Andorra und Norwegen, eben ganz unterschiedlich. Wir sind schließlich auch nicht alle von der gleichen Sorte.

Letzter Punkt: Ich habe *Private Public Partnership,* zu zwei Dritteln privat und einem Drittel öffentlich mit einem Umfang von ungefähr 12 Milliarden, in den zehn Jahren in Gang gesetzt. Und das sind keine Sachen, wo jemand etwas absetzen will, sondern das sind Gelder, die investiert werden, mit denen mit örtlicher Bevölkerung gemeinsam etwas vorangebracht wird. Zum Beispiel etwas, wovon jeder Gebrauch machen kann: *Cotton made in Africa* ist so eine Initiative von Michael Otto plus Nichtregierungsorganisationen und uns, die dazu beiträgt, den Landwirten in afrikanischen Ländern bessere Einkommen, bessere Versorgung für ihre Kinder, mehr Schulen und Gesundheitsstationen zu ermöglichen und ein anständiges Einkommen. Und wir selbst können dazu beitragen, indem wir uns als Konsumenten bewusst verbraucherorientiert verhalten. Das soll keine Werbung sein, sondern ist eigentlich ein Appell, von unseren eigenen Möglichkeiten selbst immer Gebrauch zu machen.

Thomas Pogge
Als Präambel darf ich vielleicht sagen, dass die Amerikaner schon mal so einen globalen *New Deal* vorgeschlagen haben, und zwar am 6. Januar 1941 mit *Roosevelt, The Four Freedoms*, die *State of the Union Speech*. Also, so ganz neu ist das nicht. Es ist nur dann in Vergessenheit geraten, aber ganz interessant in dem Zusammenhang, den wir hier diskutieren. Das können Sie einmal nachlesen. Es ist wirklich eine tolle Rede, eine der ganz wenigen wirklich tollen Reden eines amerikanischen Präsidenten.

Unverständlicher Einwurf

Zu Obama behalte ich mir mein Urteil vor, ich warte erst mal ab.

Zur ersten Frage will ich sagen: Das ist, glaube ich, aus mehreren Gründen zu einfach gesehen. Erst einmal zur Landwirtschaftsautarkie. Ich glaube, selbst wenn man die Landwirtschaft mehr oder weniger abschaffen würde, selbst wenn sie dem Konkurrenzdruck von Entwicklungsländern erliegen würde, so ließe sie sich doch relativ schnell wieder anleiern. Es ist ja nicht so, dass das Land verschwindet. Man könnte da relativ schnell wieder aufbauen, wieder Weizen, Schweine usw. produzieren, wenn man wollte. Ich glaube nicht, dass das die Erklärung ist. Ich glaube auch nicht, dass man so ganz pauschal sagen kann, dass die Armut gewollt ist. Für manche ist das vielleicht profitabel und sie nehmen es in Kauf, aber viele andere auch wieder nicht.

Ich würde sagen, wir müssen die verschiedenen Gruppen auseinander dividieren und versuchen mit denen zusammenzuarbeiten, die ein Eigeninteresse daran haben, etwas gegen die Armut zu tun.

Nehmen Sie als Beispiel China. China ist jetzt die ganz große kommende Großmacht. Sie werden die Amerikaner in 20, 30 Jahren im Bruttosozialprodukt überholen. Die Amerikaner haben eigentlich nichts getan als China noch ganz klein war, um das zu verhindern – im Gegenteil, es haben viele amerikanische Firmen ganz kräftig mitgeholfen, China zu industrialisieren, aufzubauen usw. Die Interessen waren da sehr kompliziert und sehr unterschiedlich. Das haben wir jedes Jahr bei uns im amerikanischen Parlament gehabt, als es damals noch vor der *WTO* um den *most favoured nation status* von China ging. Sollen wir denen *most favoured nation status* geben, also ihnen relativ zollfreie Einfuhren in die USA ermöglichen, ja oder nein? Da sind die Industrien aufeinander geprallt. Die Lobbyisten haben sich gegenseitig bekriegt, um den Kongress zu beeinflussen – die einen dafür, die anderen dagegen.

Also, es sind ganz komplizierte politische Konstellationen dort am Werk. Eine weitere Dimension, die noch hilft, die interessant ist und die wir irgendwie in die Diskussionen einfädeln sollten, ist – so glaube ich – die Langfristigkeit. Firmen denken beinahe konstitutiv sehr kurzfristig; schon deshalb, weil das Management der Firma oft daran verdient, wie es der Firma in den nächsten drei, vier Jahren geht. Danach werden der Bonus und die Gehälter berechnet. So denken sie selten langfristig.

Politiker denken ein bisschen langfristiger, aber auch sie denken an die nächste Wahl, also nicht viel weiter nach vorne.

Einwurf Wieczorek-Zeul
So pauschal ist es falsch.

Einwurf Pogge
Sie sind natürlich eine Ausnahme. Also, mit der Ausnahme der hier versammelten Politiker und vielleicht der ganzen SPD.

Einwurf Thierse
Das ist das Mindeste, was wir verlangen können.

Der Punkt, den ich machen wollte, ist, dass wir einerseits – also Professor Nida-Rümelins *Point* – versuchen müssen, *Win-Win*-Situationen zu schaffen und diese kooperativen Gewinne abzuschöpfen. Zweitens, wenn wir langfristiger denken, sind unsere Interessen viel näher beieinander, als wenn wir kurzfristig denken – so wie Agenten lernen langfristig zu denken. Wenn Sie langfristig an die Zukunft Deutschlands denken, denken Sie einmal, wie es Deutschland in 500 Jahren geht, dann das hängt eigentlich davon ab, wie es der Welt in 500 Jahren geht. Wenn die Welt nach unten geht, dann geht auch Deutschland nach unten. Nur kurzfristig gibt es da riesige Differenzen, ob Deutschland ein bisschen gewinnt und Polen ein bisschen verliert oder China – aber langfristig sitzen wir alle im selben Boot. Insofern ist es immer wichtig, um diese moralische Perspektive voranzubringen, an das langfristige Selbstinteresse der Staaten und der Menschen und der Firmen zu appellieren.

Gert Weißkirchen

Das war ja nicht nur eine philosophische, sondern eine politische Antwort. Ich teile das und möchte noch einen Moment aus dem herausnehmen, was gesagt wurde, nämlich: Macht teilen. Wären wir dazu bereit? Ich glaube, es ist gar nicht mehr die Frage, ob wir dazu bereit sind, sondern es ist die Frage, wie die neue, andere Weltordnung aussehen soll. Und sie kann nur so aussehen, dass Partizipationschancen und Freiheitsrechte anderer von uns genauso berücksichtigt werden müssen in dieser neuen Weltordnung wie unsere eigenen. Das heißt, wir sind voneinander nicht nur abhängig, sondern wir müssen uns reziprok zueinander verhalten. Das heißt, die anderen haben die gleichen Rechte wie wir selbst. Das spiegelt sich noch nicht in den politischen Systemen wider, auch noch nicht in der politischen Konstruktion der Weltordnung, aber es ist unsere Aufgabe, dafür zu sorgen, dass das geschieht.

Und wenn ich darf, Wolfgang, hinter Dir steht jemand, das Symbol. Denk einmal darüber nach, nimm einmal das Buch von Willy Brandt, das im nächsten Jahr 30 Jahre alt ist, nämlich das, was er im Auftrag der Bund-Land-Kommission als Botschaft an die UNO gerichtet hat. Ich will da nur den zentralen Satz in der Einleitung zitieren. Und man glaubt es kaum, es klingt, als wäre es für die gegenwärtige Zeit geschrieben: „Hin zu einer Globalisierung der Politik, die gegenseitige Anerkennung von Werten, die Menschheit von Abhängigkeit und Unterdrückung sowie von Hunger und Not zu befreien." Von 1979. Das ist doch ein, wie ich finde, großer Auftrag und die Sozialdemokratie sollte versuchen, diesen Auftrag zu erfüllen.

Wolfgang Thierse

Meine sehr verehrten Damen und Herren, Sie haben aufmerksam zugehört. Ich bedanke mich bei den Diskutanten – Herrn Professor Pogge, Heidemarie Wieczorek-Zeul, Julian Nida-Rümelin, Gert Weißkirchen. Wir sind ja in einer, wie ich finde, hoch interessanten Zeit. Die Finanzmarktkrise hat Risiken, vielleicht kennen wir noch nicht alle, aber eine der Chancen, die sie enthält, die schon sichtbar ist, besteht darin, dass Politik und Staat plötzlich wieder an Bedeutung gewonnen haben und eine Renaissance erfahren. Diejenigen, die Politik und Staat noch gestern mit Verachtung, mit Häme abgestraft haben, rufen jetzt nach den Fähigkeiten von Staat und Politik. Plötzlich bleiben staatliche Instanzen diejenigen, in die man noch Vertrauen haben kann. Das ist eine Chance, die man nutzen muss. Sozialdemokraten, die immer verdächtigt worden sind, dass sie allzu staatsfixiert waren, können sich an den einfachen Satz erinnern, der eine fundamentale Erfahrung ist, die die Sozialdemokraten gemacht haben: Nur Starke können einen schwachen Staat gebrauchen. Schwache brauchen einen starken Staat. Daran zu erinnern, verweist auf vernünftiges politisches Handeln, nunmehr auch auf internationaler Ebene. Das ist die große Herausforderung. Manchen Wendehälsen, die gestern noch das genaue Gegenteil gesagt haben, sollten Sie auch heute nicht glauben, denn diese werden morgen schon wieder das Gegenteil behaupten.

Das Moment von Kontinuität, internationale Verantwortung für Politik und Gerechtigkeit ist die Grundlage gelingender Demokratie als der Form der Freiheit. Das gilt national, das gilt europäisch und das gilt erst recht global.

Zu den Autoren

Prof. Dr. Julian Nida-Rümelin

Geb. 1954, Professor für Politische Theorie und Philosophie an der Universität München, 1998–2002 zunächst Kulturreferent der Stadt München, dann Kulturstaatsminister im ersten Kabinett Schröder; Mitglied der Grundwertekommission der SPD und stellvertretender Vorsitzenden der Kulturforums der Sozialdemokratie. Präsident der Deutschen Gesellschaft für Philosophie e. V. Buchpublikationen u. a.: *Demokratie und Wahrheit 2006; Humanismus als Leitkultur 2006; Über menschliche Freiheit 2005.*

Prof. Dr. Thomas Pogge

Geb. 1953, *Leitner Professor for Philosophy and International Affairs* an der Yale Universität, studierte in Hamburg Soziologie und erwarb 1977 sein Diplom mit einer Arbeit über Peirce und Habermas. Promovierte 1983 an der Harvard Universität bei John Rawls mit einem Thema über Kant, Rawls und Globale Gerechtigkeit, seit 2004 *Professorial Fellow am Centre for Applied Philosophy and Public Ethics der Australian National University* sowie seit 2007 Forschungsdirektor am *Centre for the Study of Mind in Nature der Universität Oslo.* Buchpublikationen u. a.: *World Poverty and Human Rights,* zweite Auflage 2008; (mit Aidan Hollis) *The Health Impact Fund 2008; His Life and Theory of Justice 2007;* Herausgeber: *Freedom from Poverty as a Human Right 2007.*

Dr. h. c. Wolfgang Thierse, MdB

Geb. 1943, MdB, einst Kulturwissenschaftler und Germanist an der HU zu Berlin und wiss. Mitarbeiter der Akademie der Wissenschaften der DDR, war 1990–2005 stellv. Vorsitzender der SPD, 1998–2005 Bundestagspräsident. Seitdem Vizepräsident des Deutschen Bundestages. Vorsitzender der SPD-Grundwertekommission und Vorsitzender des Kulturforums der Sozialdemokratie. Gemeinsam mit Nida-Rümelin Herausgeber der im Klartext Verlag Essen erscheinenden Reihe *Politik und Kultur* des Kulturforums.

Prof. Gert Weißkirchen, MdB

Geb. 1944, MdB, Honorarprofessor für angewandte Kulturwissenschaften FH Potsdam, außenpolitischer Sprecher der SPD-Bundestagsfraktion, Vorsitzender der Deutsch-Russischen Parlamentariergruppe,

79

2002–2005 Vize-Präsident der Parlamentarischen Versammlung der OSZE, seit 2005 persönlicher Beauftragter des OSZE-Vorsitzenden zur Bekämpfung des Antisemitismus, Mitglied der SPD-Grundwertekommission. Buchpublikation u. a.: *Südosteuropa zwischen Balkan und EU* (mit Freimut Duve, Johannes Jung) 2007.

Bundesministerin Heidemarie Wieczorek-Zeul, MdB
Geb. 1942, MdB, 1979–1987 Mitglied des Europäischen Parlaments; 1987–1998 Europapolitische Sprecherin der SPD-Bundestagsfraktion; 1993–2005 Stellvertretende Vorsitzende der SPD; Vorsitzende des Forums Eine Welt, das die SPD in Fragen der Globalisierung, Friedens- und Entwicklungspolitik berät. Seit 1998 Bundesministerin für wirtschaftliche Zusammenarbeit und Entwicklung. Buchpublikation u. a.: *Welt bewegen. Erfahrungen und Begegnungen* (mit Vorwort von Kofi Annan) 2007.